感动石油·巾帼风采

中国石油天然气集团有限公司第三届"感动石油·巾帼风采"故事分享会

《感动石油·巾帼风采》编写组 ⊙ 编

石油工业出版社

图书在版编目（CIP）数据

感动石油·巾帼风采：中国石油天然气集团有限公司第三届"感动石油·巾帼风采"故事分享会 /《感动石油·巾帼风采》编写组编. —北京：石油工业出版社，2023.10

ISBN 978-7-5183-6365-0

Ⅰ.①感… Ⅱ.①感… Ⅲ.①中国石油天然气集团有限公司–女职工–先进事迹 Ⅳ.①K828.5

中国国家版本馆CIP数据核字（2023）第190841号

感动石油·巾帼风采
《感动石油·巾帼风采》编写组　编

出版发行：石油工业出版社
　　　　　（北京市朝阳区安华里二区1号楼 100011）
网　　址：http://www.petropub.com
编 辑 部：(010) 64523714　图书营销中心：(010) 64523633
经　　销：全国新华书店
印　　刷：北京九州迅驰传媒文化有限公司

2023年10月第1版　2023年10月第1次印刷
880×1230毫米　开本：1/32　印张：4.5
字数：73千字

定　价：68.00元
（如发现印装质量问题，我社图书营销中心负责调换）
版权所有，翻印必究

《感动石油·巾帼风采》

编 写 组

组　长：李家民
副组长：许景慧
成　员：薛光磊　袁　明　袁世海
　　　　魏世英　贺晗岳

目录
Contents

李家民在"感动石油·巾帼风采"故事分享活动上的讲话 / 2

人物事迹

逐梦初心　赓续石油精神
工匠之魂　打造创效之军 / 8
　　　　——大庆油田有限责任公司第二采油厂第六
　　　　作业区采油48队采油工班长　刘　丽

探寻地下"甜点"　解放"磨刀石"宝藏 / 14
　　　　——长庆油田公司勘探开发研究院分析
　　　　试验中心副主任　杨伟伟

披荆斩棘破难题　油气上产急先锋 / 20
　　　　——塔里木油田公司塔西南公司博大采油气
　　　　管理区动态分析二级工程师　何元元

感动石油·巾帼风采

人物事迹

石油女工多征战　匠心匠魂最荣光 / 26
　　——大港油田公司第三采油厂采油工
　　　宫艳红

深耕"新区"30年　"沉寂"油藏结硕果 / 32
　　——华北油田公司二级技术专家兼勘探开发
　　　研究院河套及外围地质所所长　刘　静

筑梦海外　彰显巾帼本色
不负青春　浇灌奋斗芳华 / 38
　　——中国石油国际勘探开发有限公司乍得
　　　公司上游项目财务部经理　胡婧潇

扎根油海守初心　钻井一线"领头雁" / 44
　　——长城钻探工程公司钻井技术服务公司
　　　女子定向队队长　张　娇

打造"钻井血液"　浇灌"一带一路"能源之花 / 50
　　——川庆钻探工程有限公司钻井液技术服务
　　　公司副经理　王　兰

人物事迹

解锁地下储能技术 保持国内领跑地位 / 56
　　——工程技术研究院有限公司非常规油气
　　　工程研究所储库室主任　李景翠

逆袭攀登不停步 奋斗人生不"躺平" / 62
　　——抚顺石化公司烯烃厂乙烯车间分离班长
　　　张海燕

争做防腐"智多星" 一心绽放石油情 / 68
　　——兰州石化公司研究院防腐技术研究所
　　　副所长　刘雪梅

十年污水治理 净化一个"西湖" / 74
　　——独山子石化公司公用工程部副总工程师
　　　王静丽

脱下戎装重新起航 万吨油站承载梦想 / 80
　　——吉林销售公司辽源分公司向阳加油站
　　　经理　马阿丽

人物事迹

青春之花绽放戈壁　热情服务传递温情 / 86
　　——内蒙古销售公司阿拉善分公司中港加油
　　　站经理　秀　荣

同事眼里的标杆站经理
村民口中的暖心石油娃 / 92
　　——甘肃销售公司张掖分公司西二环加油站
　　　经理　李　娟

开辟国内管道装备新兴领域
打破欧美国家行业长期垄断 / 98
　　——管道局工程有限公司机械公司总工程师
　　　杨云兰

与钢管同行十五年　送清洁能源进万家 / 104
　　——宝鸡石油钢管有限责任公司宝世顺公司
　　　直缝工厂副厂长　王　健

坚守海外"疫"线　保障员工安全 / 110
　　——中亚俄罗斯公司运营和HSE部安全环保
　　　工程师　陈楚薇

目 录

人物事迹

搏击市场创佳绩　真情关怀暖人心　/　116
　　——昆仑银行股份有限公司乌鲁木齐分行党委
　　　书记、行长　程　霞

上天入地的抢险铁人
随叫随到的燃气卫士　/　122
　　——天然气销售公司山东分公司淄博金捷
　　　公司客服中心副经理　范金梅

新闻报道

巾帼建功新时代　石油玫瑰绽芳华
集团公司举办"感动石油·巾帼风采"
故事分享会　/　131

感动石油
巾帼风采

李家民在"感动石油·巾帼风采"故事分享活动上的讲话

（2023年3月7日）

各位女职工，同志们、朋友们：

春回大地，石油花开。在全国"两会"胜利召开之际，我们举办中国石油天然气集团有限公司（以下简称"集团公司"）第三届"感动石油·巾帼风采"故事分享会，纪念第113个"三八"国际劳动妇女节。刚才，集团公司6名优秀女职工代表送上了她们的真挚祝愿，12名优秀女职工分享了她们的感人故事，充分展示了我们石油女工骄人业绩和当代女性风采魅力，听后很受教育、很受感动、很受启发。受党组副书记段良伟同志委托，在此向各位嘉宾表示热烈欢迎，向集团公司广大女职工致以节日祝贺，向所有关心支持集团公司女职工工作的各级组织、各位同仁表示衷心感谢！

同志们，集团公司33万名女职工是企业职工队伍的重要组成部分，是企业高质量发展的重要力量。党的十九大以来的5年特别是近3年，集团公司成功闯过负油价"至暗时刻"，历

经世纪疫情3年大考，稳居世界500强第四位和世界50大石油公司第三位，开创了高质量发展新局面。特别是刚刚过去的2022年，集团公司取得经营业绩央企第一的好成绩。在这一共克时艰、共创历史、共铸辉煌的过程中，我们的女职工始终扎根岗位奉献，积极响应集团公司党组号召，以强烈的主人翁意识，和饱满的热情、执着的追求，投身企业科研、生产、经营、管理、服务、疫情防控等各项工作之中，用智慧化解发展难题，用奋斗擦亮美丽底色。我们的女职工坚持在历练中成长，领衔集团公司级劳模和工匠人才创新工作室，被聘为集团公司技能大师，荣获中华技能大奖，获评全国技术能手、"大国工匠"。在刚刚结束的全国石油石化系统加油站操作员职业技能竞赛决赛中，代表集团公司参赛的50名选手中，有33名是女加油站操作员，并全部获奖。昨天，集团公司5名个人获评全国三八红旗手、全国巾帼建功标兵，4个集体获评全国三八红旗集体、全国巾帼文明岗，受到全国妇联表彰，百花园中再添新秀，石油玫瑰更加铿锵，越来越多优秀女职工豪情满怀、意气风发地脱颖而出、担当重任，成为企业各项工作中独当一面、不可或缺的骨干力量。我们的女职工正在如花般绽放，绽放在党的二十大党代表通道上，绽放在全国"两会"会场上，积极参政议政、

李家民在"感动石油·巾帼风采"故事分享活动上的讲话

发出石油声音;绽放在国家级荣誉领奖台上,绽放在各类媒体宣传报道中,讲述石油故事、展示石油形象;更绽放在集团公司各条战线各个岗位上,绽放在今天故事分享会现场,实践着"我为祖国献石油""不爱红妆爱工装"的价值追求和人生理想。

同志们,做好女职工工作意义特殊责任重大,我们要全面推动集团公司新时代女职工工作创新发展。习近平总书记心系妇女工作,多次就妇女和妇女工作作出重要论述,昨天在看望参加全国政协十四届一次会议的民建、工商联界委员时,专门向全国各族各界妇女致以节日的祝贺和美好的祝福,为做好女职工工作指明方向。中华全国总工会印发了《关于加强新时代工会女职工工作的意见》,集团公司党组印发了《关于开展"巾帼建新功 奋斗新征程"科技创新巾帼行动的指导意见》,对相关工作作出具体部署。各级党组织、工会女工组织要坚持党的领导,用党的二十大精神统一思想、指引行动,切实把党的意志和主张贯彻到女职工工作的全过程、各方面,牢牢把握女职工工作正确政治方向;坚持用习近平新时代中国特色社会主义思想武装头脑,不断增进广大女职工对新时代党的创新理论的政治认同、思想认同、情感认同,引导女职工坚定不移听党话、矢志不渝跟党走。要坚持服务大局,牢牢把握"牢记重

大嘱托,当好标杆旗帜,全力奋进高质量发展,全面建成基业长青的世界一流综合性国际能源公司"这一集团公司中心任务,广泛组织开展女职工岗位练兵、技能比武活动,做实劳模工匠创新工作室、巾帼建功示范岗,动员广大女职工深入参与群众性经济技术创新活动,充分发挥"半边天"作用。要做实维权关爱,营造环境、搭建平台、畅通渠道,拓展女职工成长成才空间;把握女职工对美好生活的向往,有针对性地做好联系、服务各项工作,促进女职工生活品质提升;健全女职工维权服务机制,健全企业民主管理制度,促进广大女职工依法、有序、广泛参与企业管理;开展女职工关爱计划,聚焦广大女职工急难愁盼问题,增强维权服务工作的针对性和实效性。要形成工作合力,要将女职工工作纳入工作规划、年度安排、重点工作中研究部署、统筹考虑,赋予女职工工作更多资源手段,打造快捷高效的女职工工作网上矩阵,努力创建更多体现时代特色和地域特点的工作品牌,增强女职工工作的影响力。

同志们,这个时代是人人都可出彩的好时代,集团公司是干事创业的大舞台,广大女职工一定要珍惜机遇、再接再厉、团结奋斗、再立新功。面对未来更加繁重的任务、更加远大的目标,希望广大女职工进一步坚定理想信念,深入学习贯彻党的二十大精神，用习近平新时代中国特色社会主义思想凝心聚魂，深刻领悟"两个确立"的决定性意义，增强"四个意识"、坚定"四个自信"、做到"两个维护"。进一步练就过硬本领，不断加强学习、钻研业务，练就与时代发展和事业要求相适应的素质和能力，在自己的岗位上施展才华、贡献智慧，创一流业绩、展巾帼风采。进一步弘扬时代新风尚，自觉践行社会主义核心价值观，带头弘扬中华传统美德，积极倡导社会公德、职业道德、家庭美德、个人品德，在尊老爱幼、教育子女、扶贫济困、扶弱助残、建立文明、平等、和睦、稳定的家庭中发挥主导作用，弘扬主旋律、汇聚正能量、树立新风尚。进一步发挥引领带动作用，参加今天故事分享的各位女职工，是集团公司女职工中的杰出代表，要用自己的优秀品格、模范行动，引导和鼓舞更多的女职工踔厉奋发、勇毅前行，争做伟大事业的建设者、文明风尚的倡导者、敢于追梦的奋斗者，自觉把人生理想、家庭幸福融入企业发展、国家富强、民族复兴之中，为保障国家能源安全、以中国式现代化全面推进中华民族伟大复兴而团结奋斗！

最后，祝愿各位女职工节日快乐、心想事成、家庭和睦、工作顺利！

谢谢大家！

感动石油
巾帼风采

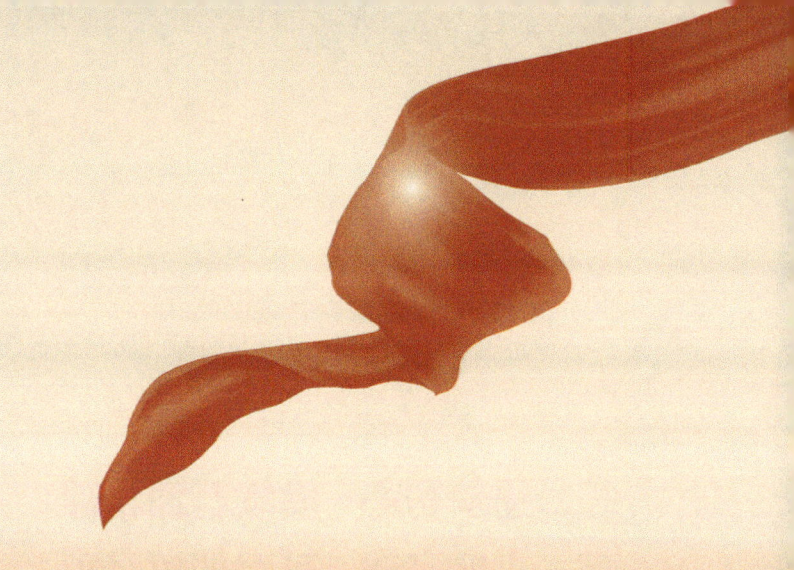

人物事迹

逐梦初心　赓续石油精神
工匠之魂　打造创效之军

——大庆油田有限责任公司第二采油厂第六作业区采油48队采油工班长　刘　丽

一颗逐梦初心赓续拼搏奉献的石油精神，一抹最美"石油红"书写兴油报国的巾帼情怀。砥砺前行三十载，她以铁人之姿扛起端稳能源饭碗的责任使命，以石油之魂打造薪火不息的创效之军，以工匠之美铸就采油女工的大写人生！

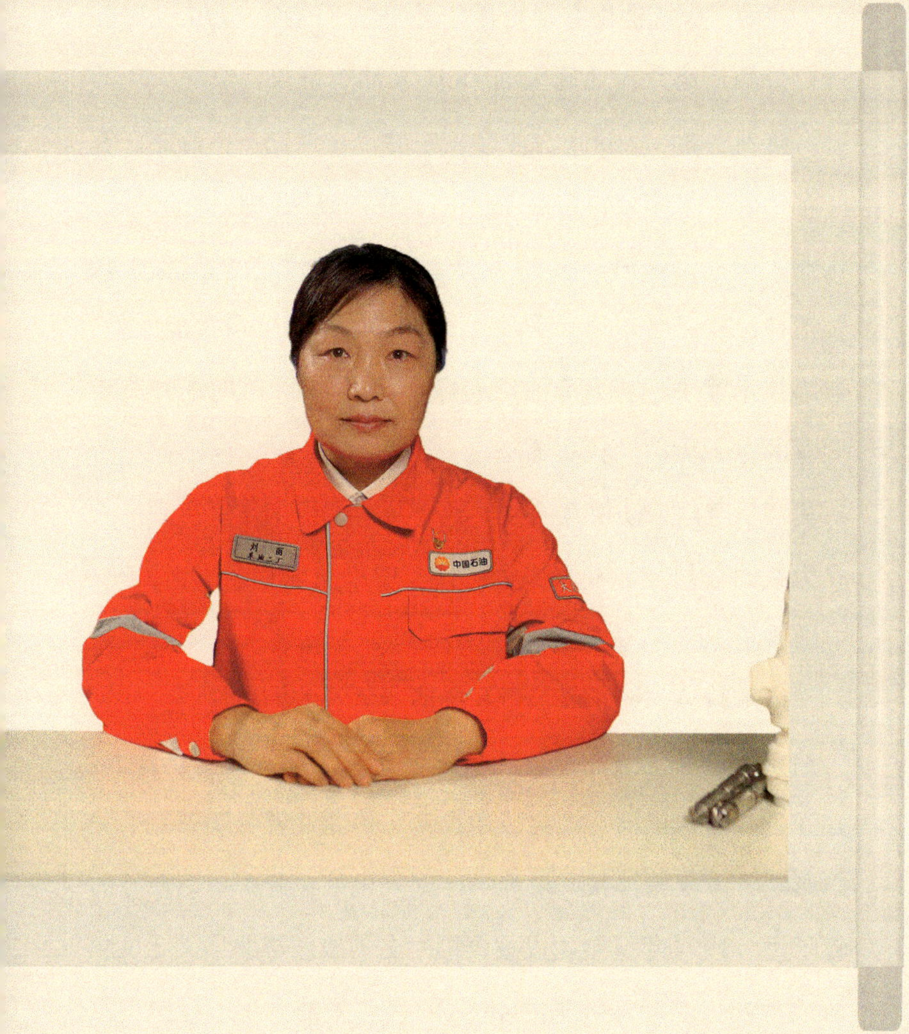
中国石油

刘丽，大庆油田有限责任公司（以下简称"大庆油田"）第二采油厂第六作业区采油48队采油工班长，兼职大庆油田工会副主席、大庆市总工会副主席。中共党员，黑龙江省首席技师、集团公司技能大师，享受国务院政府特殊津贴。扎根大庆油田采油一线30年来，刘丽始终践行大庆精神铁人精神，从一名普通的采油女工成长为集团公司技能大师、全国技术能手；从大庆油田老标杆队采油48队的巡井路走上党的二十大"党代表通道"、全国最美职工、全国五一劳动奖章、全国劳动模范的领奖台；从"刘丽工作室"领衔人成为集团公司技能专家协会主任、中央企业百名杰出工匠、中国质量工匠、"大国工匠年度人物"。

传承精神，铸匠魂，当好拼搏奉献石油人。刘丽生在大庆油田、长在大庆油田，从小听着铁人王进喜的故事长大，并深受身为油田第一批会战建设者、黑龙江省劳动模范的父亲影响，大庆精神铁人精神早已融入她的血脉中，刻在她的骨子里。1993年，刘丽以技校第一名的成绩毕业，义无反顾地成为油田老标杆队采油48队的一名采油女工。身披"石油红"，从此为油征。19岁的她拿出"谁说女子不如男"的劲儿，起早贪黑奋战在井场上，练就了"一摸工具就知规格

型号,一看电流就能判断井下状况,一听声音就能辨别机械故障"的绝活儿。很快,她把队里所有岗位都干个遍,成为一专多能的"岗位通"。但刘丽深知自己技校毕业底子薄,为此她拿出了铁人"识字搬山"的劲头,总是怀揣着技术书,学习笔记摞起来齐腰高。1997年,刘丽代表大庆油田参加全国青年岗位能手技能运动会,获首届"中国石油天然气总公司技术能手"称号,并一路成长为大庆油田最年轻的集团公司技能大师、黑龙江省首席技师、中国石油集团公司首位技能大师、全国技术能手。

精钻细研,强匠艺,争做时代楷模逐梦者。作为新时期的石油人,刘丽接过石油先辈的"接力棒",从解决生产难

题出发，向创新创效进发。面对困扰石油工人数十年的"抽油机密封盒漏油、密封圈寿命短、换起来费劲"难题，她研制出"上下可调式密封盒"，获得了国家专利。随后她进行了200多次试验、五代改进，最终使密封圈使用寿命延长了整整6倍，更换时间从过去40分钟缩短到10分钟，单井日节电11千瓦·时。这项成果先后荣获大庆油田首批技术革新成果特等奖，集团公司首届一线创新成果一等奖，第六届全国职工创新成果奖，并在"大国工匠"栏目、国务院新闻办公厅发布会向全国人民展示。30年来，她共研发各类成果200余项，其中获国家和省部级奖项40项、国家专利及知识产权软著43项，出版专业技术书籍32册，"螺杆泵井新型封井器装置"等一批成果填补了国内技术空白。2020年，她走进人民大会堂，被授予全国劳动模范荣誉称号；2021年，她荣获中华技能大奖，成为此奖项第一位获得排名第一的女性产业工人；2022年，她登上了"大国工匠年度人物"的领奖台，成为全国10名获奖者中唯一女性代表，是石油石化系统唯一获奖者；同年，她作为黑龙江省和石油行业唯一代表，当选党的二十大代表，并亮相央视兔年春晚。

倾其所能，育匠才，担当技能强企领路人。刘丽深感一个人的力量是微小的,只有将自己的专业知识与技能播撒出去,辐射带动更多石油人共同提高、全员创效,才能真正汇聚振兴企业发展的强劲动能。2011年8月,以她名字命名的"刘丽工作室"正式成立,刘丽踏上了打造工匠团队的新征程。12年里,工作室从两名采油工起家,逐渐扩大到涵盖35个工种,拥有12个分会531名成员的创效团队,培养出全国五一劳动奖章获得者赵海涛等技能骨干1.5万人,形成了"技师之家联合研发、革新工厂自主生产、示范区试用推广"的"研、产、用"一体化创新模式,研发技术革新成果1048项,推广成果5000多件,创效1.2亿元。"刘丽工作室"相继被评为全国示范性劳模和工匠人才创新工作室、全国三八红旗集体,入选"新中国70年最具影响力班组"。

面对诸多荣誉和成绩,刘丽深感这是石油人的共同荣耀,更为自己身为一名大庆石油人而感到骄傲和自豪。她将继续以习近平总书记"当好标杆旗帜、建设百年油田"的殷切嘱托为指引,发扬大庆精神铁人精神,立足平凡岗位,矢志技术创新,当好油田高质量发展的"答卷人",做宝石花上最美的石油红!

探寻地下"甜点"
解放"磨刀石"宝藏

——长庆油田公司勘探开发研究院分析试验中心副主任 杨伟伟

十年磨一剑,霜刃曾试;千百次试验,初心不改。面对页岩油勘探开发世界级技术难题,杨伟伟和她的团队开拓攻关思维,自主研发设备,积极探寻地下"甜点";以"我为祖国献石油"的赤诚,实现增储上产目标;为长庆油田年产油气当量突破6500万吨,贡献了科技力量。

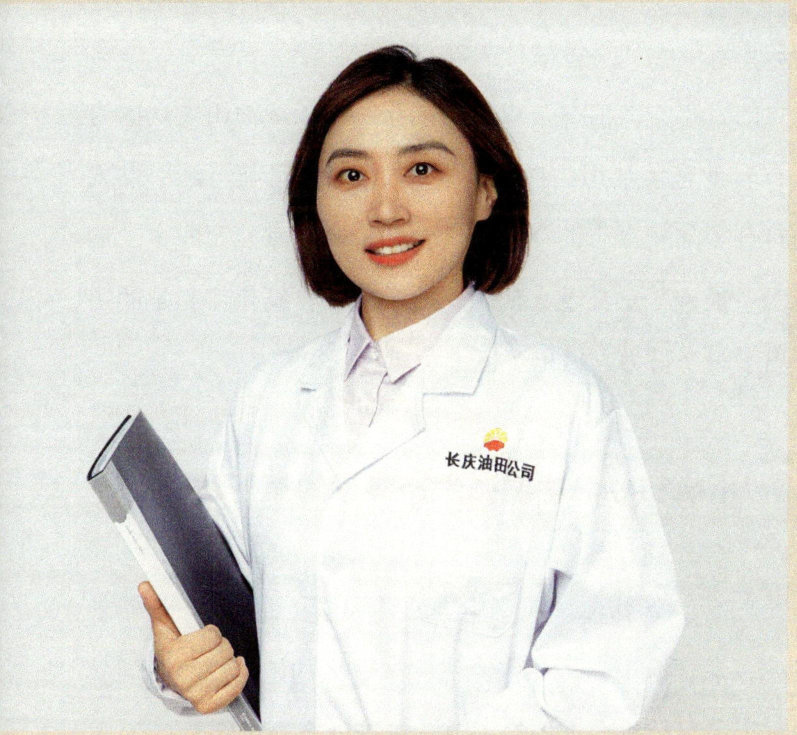
长庆油田公司

2022年,长庆油田年产油气当量突破6500万吨,创造了中国油气田年产油气最高纪录。至此,长庆油田已经连续11年稳居中国第一大油气田。页岩油作为战略性接替资源,它的快速发展,功不可没!

党的百年华诞前夕,央视新闻报道,长庆油田发现国内最大页岩油整装油田,探明地质储量超10亿吨。这一发现成功打开了陆相页岩油资源宝库,对保障国家能源安全、端牢能源"饭碗"意义重大!在这一突破中,杨伟伟和她的团队付出了艰辛努力,做出了巨大贡献。

"不忘初心,就要到生产建设的第一线"

2012年,杨伟伟毕业于中国石油大学(北京),10年求学时光,拿到博士学位并作为优秀毕业生的她,放弃了同学眼中难得的留校机会,拒绝了道达尔等外企提供的Offer,毅然来到了长庆油田。

面对选择,她说:"我的博士论文就是在长庆油田做的,长庆石油科学家张文正教授给了我很多指导。他说,'为国找油就要学以致用,鄂尔多斯盆地挑战无限、潜力无穷,科

人物事迹

学研究的目的就是寻找甜点区'。这也成为我从事科研工作的初心。"

入职之初，长庆页岩油正处于起步阶段，油藏分布不清，面对烦冗复杂、重复枯燥的数据统计和资料分析工作，她硬是将5000多口井的地质特征铭记于心，堪称"活地图""数据库"。工作刚一年，论文《页岩油展布规律》便获得了青年科技论坛一等奖，杨伟伟也成为项目带头人。

"不竭余力，撬开长庆页岩油开发的大门"

2014年，正值"非常规页岩油"技术攻关阶段。面对这个空白领域，杨伟伟迎难而上，抱着失败一万次的决心，围绕可动油评价难题，常常泡在实验室连轴转，一遍一遍摸索着干。

师傅提到她，"这些实验要接触大量的化学品，需全面

防护,那段时间,每次见到她,都是勒红了的'口罩脸'"。最终经过上千次试验、无数个通宵达旦之后,创新形成了烃类分离技术,授权国家发明专利。

到2018年,页岩油单井产量低、效益差,规模开发遇到极大挑战。精细甜点评价成为当下的首要任务,杨伟伟勇挑仪器研发的重担,一年有360天都泡在实验室里,就是为了让石头"坐"上时光机,展现页岩油的前世今生。

"这就好比我们要重新模拟一个时空,让石头乘着时光机回到成百上千年前地下蕴藏时的状态。再通过精准的技术换算,观察其快进后的演变过程,总结规律。"杨伟伟感慨道,这是一项具有挑战性的工作。

白天,她围绕设备的加热、封闭以及液态烃收集等核心功能、指标,与定制厂家一个个沟通、交流;晚上,她还要调研国内外研究机构相关设备的海量信息。半年后,当她信心满满地拿出设计图,请来专家研讨时,却被质疑了。

"就是不甘心,没有充分考虑到盆地页岩油的特色。"她没有灰心,而是从零开始,直到国内首个成烃成藏一体化设备成功面世,基于此,她做出大量实验数据支撑了多项核心技术的诞生,夯实了超10亿吨级最大页岩油整装油田的资源规模!

"不断奔跑,让长庆页岩油享誉国内外"

十年如一日,专注页岩油。长庆页岩油科技实现了从跟跑、并跑到领跑的跨越式发展,杨伟伟也从一名博士生成长为学科带头人,她带领团队创新了陆相页岩油实验评价方法,所撰写的论文在国际顶级期刊发表,在国际论坛多次获奖,得到了多位院士、专家的高度肯定,近年来,荣获长庆油田"青年科技英才奖"、甘肃省"五一巾帼奖"等荣誉称号,被推荐为第十八届中国青年女科学家候选人。

"长庆油田给我提供了广阔的发展平台,我的选择没有错,还是很有成就感的,我为长庆油田的大发展感到骄傲和自豪。"

继承科学报国传统,到一线去!把论文写在鄂尔多斯盆地上。杨伟伟以一项项技术的攻关践行着她的初心和使命,为长庆油田建设世界一流大油气田提供了有力的科技支撑,为"把能源的饭碗牢牢地端在自己手里"贡献着智慧和力量!

披荆斩棘破难题
油气上产急先锋

——塔里木油田公司塔西南公司博大采油气管理区动态分析二级工程师　何元元

从地下八千米到深地开发技术前沿，"禁区"击她以坎坷，她报之以坚韧，戈壁置她于风雪，她馈之以芬芳。深耕油气藏开发管理专业，她为技术苦行、为能源先行、为信仰笃行，挺进专业的地心。

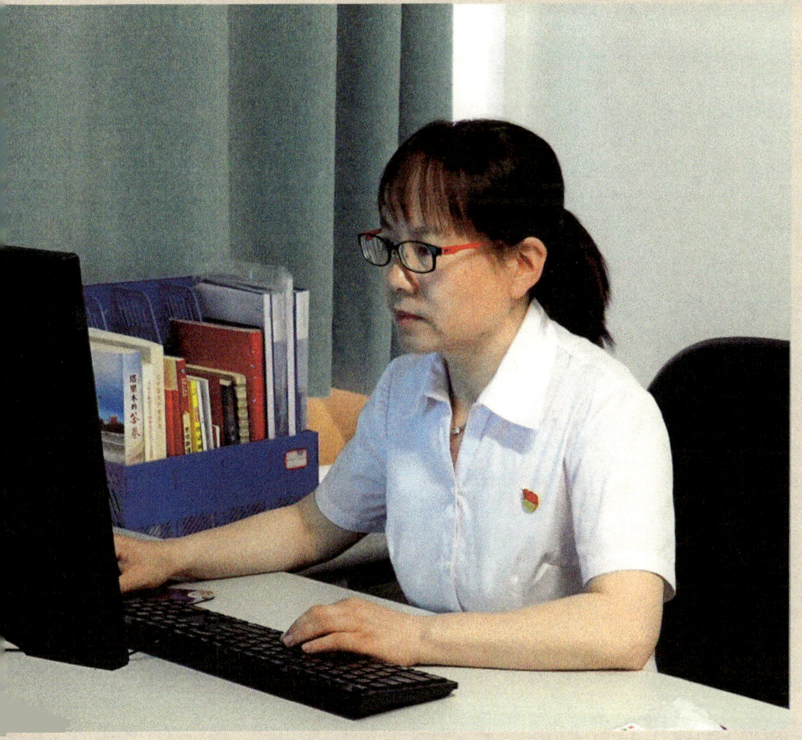

博孜—大北区块属于克拉苏构造带超深超高压裂缝性致密砂岩气藏，是塔里木油田第二个万亿立方米大气区，也是油田天然气上产的主力区块。作为一名生产一线的开发技术人员，面对世界少有、国内仅有的开发管理对象，我有压力，但更多的是对地下7000米的期待……

刚到大北气田，我就遇到了主力断块严重见水的问题，气田产能从每天450万立方米下降到270万立方米，采出程度还不足10%。在当时，超深超高压气田治水还处于技术空白期，气井见水在塔里木油田的通常做法是直接关井停产，没有任何治水的先例可供借鉴。

没有先例，我们就创造先例。经过研究，我们一致认为如果能够把水治好，大北气田是可以继续保持生产能力的。为了证实研究的正确性，我们选取低部位的大北201井和连通性好的高部位的大北209井，开展井组联动先导试验。通过控制低部位井的排水量，来观测高部位井的产水、产气变化，进而达到"低排高采"目的。经过28天的连续测试，井组联动先导试验获得成功，证实了治水提高采收率的可行性。随后我和团队抓住老油气田综合治理的契机，立足前期治水经验，形成了"低部强排、腰部同采、高部控产"的气

藏整体治水技术思路，得到油田公司批准，并迅速组织实施。随着低压管网的全面铺开，地面工程的配套完善，气田整体日排水能力从原本的300吨，提高到900吨以上，大北气田实现了由单井治水向整体治水的迈进。经过4年多的持续治理，大北气田自然递减率从2018年的27.4%下降到2022年的7.9%，年产天然气稳定在10亿立方米以上，扭转了开发被动局面。

油气上产，既要稳得住老区，也要拿得下新区。随着大北老区治水提高采收率步入正轨，我又迅速投入到新区上产

行列，成为克深 5 区块开发管理的负责人。初到克深 5 区块，我又遇到了克深 504 井压力异常波动问题。当时存在着高压气井"砂堵最普遍，结垢看不见"的说法，为了证实垢堵的存在，我系统比对了该井产出水与其他井凝析水的主要离子含量，发现该井主要成垢离子含量比其他井高出 6 倍，再结合储层物性、裂缝发育、动态监测等情况，进一步确定了该井储层垢堵的结论，并提出了"储层酸化 + 井筒解堵"的方案。实施后，克深 504 井恢复正常生产，日产量由 40 万立方米提升到 70 万立方米。之后我们举一反三，又成功实施了大北 2 区块、克深 5 区块等 4 个区块 15 井次的解堵作业，均取得良好效果。

随着大北区块、克深 5 区块一批井的成功解堵，打破了以往"山前高压气井不会出现垢堵"的观念。同时，我们还绘制了"第一版"储层至井筒连续结垢模式图，率先提炼总结出塔里木库车山前高压气井垢堵阶段识别特征，践行"不治已病治未病"的理念，极大降低了高压气井井筒完整性风险，提升了气井高效开发管理水平，也得到"两院"专家的高度认可。

博孜—大北作为油田增储上产、冬季保供的主力军，

2022年的疫情防控，对生产组织带来史无前例的挑战。作为居家办公人员，我迅速调整状态，借助"云端联动、坦途沟通、移动办公、云上科研"的科研办公新模式，以枕戈待旦的坚守，圆满完成了综合治理、能力提升等岗位工作，助力博孜—大北天然气保供产量实现从2000万立方米/日向2500万立方米/日跨越，确保下游用户温暖跨年。同时坚持一手打伞、一手干活，做好封控期间，家人的健康管理和心理疏导，撑起家庭主妇的半边天，让坚守在和田河天然气综合利用工程一线的爱人放心在岗、全心投入，以扎扎实实的行动和实实在在的业绩，守住安全生产红线，保住民生供气底线。

油气广博，大有作为。16年来，我从柯克亚到阿克莫木再到博孜—大北，从浅层到深层再到超深层，变的是油气藏类型，不变的是守护国家能源安全的初心。无论在何种岗位，都要拿出越是艰险越向前的勇气，以"敢教日月换新天"的豪情壮志去书写石油人的忠诚担当，在超深复杂油气藏开发领域里收割希望，绽放芳华！

石油女工多征战
匠心匠魂最荣光

——大港油田公司第三采油厂采油工 宫艳红

二十六年艰难跋涉,二十六年勇毅前行,她是石油战线女强人,她是宝石花上一抹红,永攀高峰是她奋楫笃行的信念,兴油报国是她矢志不渝的使命,石油女工多征战,匠心匠魂最荣光。

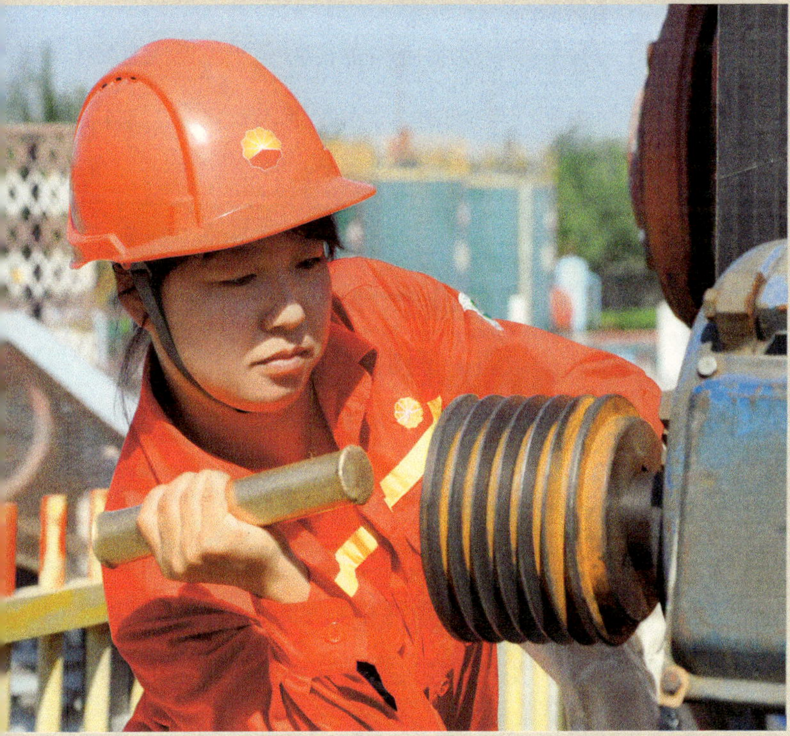

宫艳红，女，中共党员，大港油田公司第三采油厂采油工，扎根石油一线26年，一直用实际行动诠释新时代石油女性的巾帼新风采。先后荣获全国劳动模范、集团公司优秀共产党员、金牌教练等荣誉称号，是全国示范性劳模和工匠人才创新工作室领衔人，当选中国妇女第十二次全国代表大会妇女代表，被评为海内外有影响力的《中国妇女》时代人物。

钻研创新，追逐巾帼新梦想。她是油井护理的"行家里手"，被称为"女中诸葛"。在工作中她发现抽油机减速箱漏失存在严重隐患，轻则污染设备，重则损坏齿轮。她看在眼里，急在心上，倔强的宫艳红就不信没有办法！骑着自行车在井站和机修厂之间的20千米路程中往返，看结构、查原因，即使被晒得黢黑，跑废了车胎也乐此不疲。经过一个多月的"蹲守"，终于让她看出了门道，原来减速箱轴承端盖是单级密封。单级的不行，那就改成双级的！经过无数次的测量绘图，无数次的归零、无数次的重新开始，最终由她设计的自润滑双级油封总成诞生了，每年节约维修费用65万元。她总结出的油井"温、提、稳、控、精、优"六字管护法、"三个三特护法"，为页岩油工业化开发提供了宝贵的现场管护经验，所管理的页岩油井丛场被央媒大篇幅报道。她牵头开展的"抽油井调偏器的研制"项目,获得集团公司质量管理优秀成果一等奖。

赋能传承,彰显巾帼新风范。她积极传授劳动技艺、接续培养年轻技能骨干,摸索出"目标化、互动型、阶梯式"培训新模式。在备战2014年集团公司采油工技能大赛中,她担任了培训教练,与大家挑灯夜战背理论、顶风冒雨练操作。由于右腿膝关节滑膜炎旧伤复发,肿胀酸疼得难以站立,一条腿站不住就用凳子支撑做示范,辛勤的付出后最终摘得一枚宝贵的金牌。近年来,她的徒弟们在集团公司等各类职业技能竞赛中累计获得11金、13银、19铜的好成绩,师徒开展的"解决套管气排放污染的问题"攻关项目获2022年度中国创新方法大赛二等奖。

锐意进取,创造巾帼新佳绩。她推行骨干人才聘任目标责任制,强化业绩导向,深挖智慧潜力,牵头成立劳模创新工作室。近年来,工作室获权国家专利126项,解决生产难题386项,完成技术革新136件。她与成员们针对油井井口偏磨漏失、天然气回收与加药协同难等问题,开展"油水井提质增效关键技术及规模化应用"项目攻关。500余天里,她与成员们"泡"井场查痛点,"攻"难题找出路,仅绘制的图纸就摞了1米多高,巡查的足迹遍布了1000余个井场,工作室的灯光亮到凌晨成了家常便饭,最终形成油井光杆强制润滑密封扶正等3项关键技术,减少原油损失3000余吨,累创效2200余万元。该项目经鉴定总体技术达到国际先进水平,获全国总工会2020年度职工创新项目补助资金20万元,并代表天津市总工会在首届大国工匠创新交流大会上成功展示。2022年,工作室牵头完成的《老油田提高注采系统效率关键技术及规模应用》经鉴定达到国际先进水平。

和谐建家,谱写巾帼新风尚。结婚20年来,她与丈夫互相扶持,恩爱有加,孝敬父母,团结邻里,是让人羡慕的模范夫妻。宫艳红常说:父母健康就是儿女最大的福气。每年都会定期为双方老人体检,分享健康养生小知识,让老人学会健康的生活方式。最让老人感动的是 2021 年母亲节，夫妻二人为了让老人过个有意义的节日，决定为双方父母补拍婚纱照。直到现在，婆婆还总拿出婚纱照翻看。看到老人高兴，宫艳红心里更是开心。宫艳红的儿子勤奋好学，多次获得校级和区级"三好学生"等荣誉称号。她的家庭先后获得全国最美家庭、五好家庭、文明家庭荣誉称号。

千淘万漉虽辛苦，吹尽狂沙始到金。宫艳红将永葆石油人"听党话、跟党走"的鲜亮底色，用忠诚和奉献谱写巾帼兴油的灿烂人生，用坚韧和担当描绘巾帼匠心的艳丽红色，为大港油田和中国石油高质量发展贡献巾帼力量！

深耕"新区"30年 "沉寂"油藏结硕果

——华北油田公司二级技术专家兼勘探开发研究院河套及外围地质所所长 刘 静

她是深耕"新区"30年的勘探尖兵,闯"禁区"、攻冷门、擒油龙;她是唤醒沉寂40年油藏的开拓先锋,吉兰泰、兴隆、纳林湖,三个构造带硕果连枝,她把锦瑟年华写成跋涉路上的长诗。岁月在她脸上留下沧桑的痕迹,那是石油人的功勋与奖章。

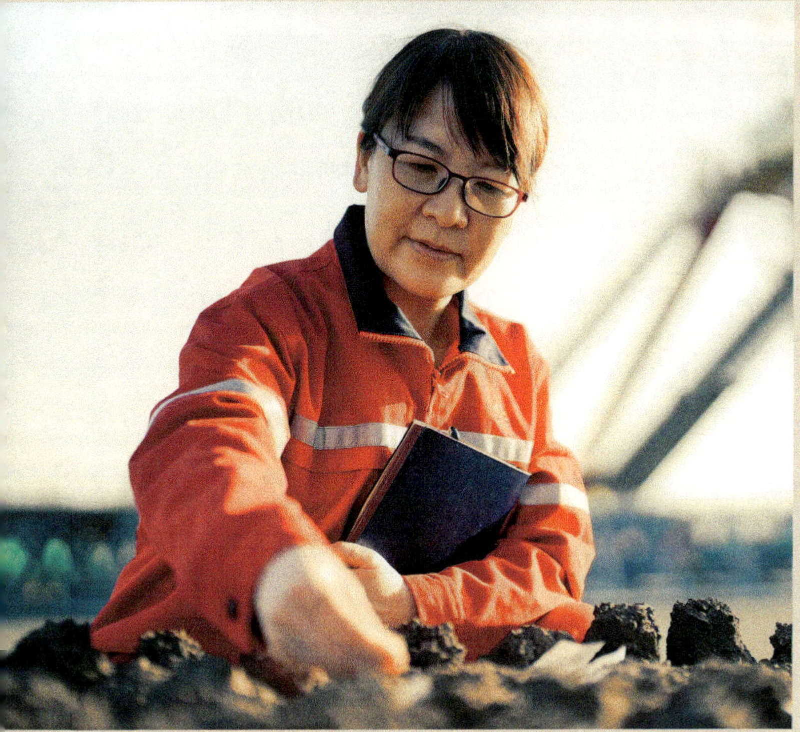

刘静，女，中共党员，全国五一劳动奖章获得者，集团公司劳动模范，现任华北油田公司二级技术专家兼勘探开发研究院河套及外围地质所所长。扎根新区油气勘探研究近30年，闯"禁区"、攻冷门、入沙海、擒油龙，刘静长期在"冷门"区域勘探研究，成为新区勘探铁打的兵。2018年以来，刘静全面组织河套盆地石油地质综合研究，创新提出突破方向，构建新的成藏模式，累计上交超4亿吨的规模高效储量，先后发现吉兰泰、兴隆、纳林湖3个亿吨级油气富集区，将沉寂了40年的"硬骨头""啃"出丰厚的油藏，在国内油气勘探领域写下了浓墨重彩的一笔。先后荣获中国石油油气勘探重大发现特等奖1项、一等奖2项、科学技术进步一等奖1项，科研成果获评中国地质学会2021年度"十大地质找矿成果"。

不忘初心，以父之名，扛起找油之旗

刘静是一个标准的"油二代"，她的父亲是石油人。从小，父亲口中讲述的石油人的生活与工作，在刘静幼小的心灵中描绘了一幅老一辈石油人敢闯敢拼、无私奉献的动人画卷。毕业后，刘静被分配到地球物理勘探公司从事地震勘探工作，迈出了"我为祖国献石油"的第一步。2017年，集团公司实行探矿权流转政策，华北油田取得河套盆地部分探矿权。面对矿权面积大、勘探程度低、地质结构复杂、相关资料老旧、40年久攻不克的勘探"硬骨头"，凭着强烈的使命感和责任感，刘静挺身而出，毅然请缨成为巴彦河套盆地研究项目负责人。在挑战面前，刘静虽然感觉千斤重担在肩，但她却深深明白："大事难事看担当，逆境顺境看襟度"。在短短的3个月里，刘静几乎没有休息，白天晚上连轴转，一头扎入工作中。她先后5次奔赴长庆油田收集各类资料、开展技术交流，学习成果报告百余部，反复解释修正了上百条二维地震剖面，直到所有的解释层、断层都闭合无误为止。

通过不断地精细梳理区块前期研究成果、分析地质条件和构造特征，从海量钻探信息中抓住油气显示的蛛丝马迹，刘静对实现巴彦河套油气勘探突破有了全新的想法和思路。她创新构建潜山"新生侧运古储"和碎屑岩顺向断层控制的复式叠置油气成藏新模式，提出每一口目标井位都要进行三四轮"精雕细刻"的修改完善，标定的井位实钻与设计误差真正做到了严丝合缝。依此部署钻探的6口探井均获高产工业油流，实现了当年勘探、当年突破、当年上交亿吨储量

的"巴彦速度",吉兰泰油田由此诞生,创造了"6口井定巴彦"的传奇美谈。该成果成为中国石油"时间最短、速度最快、投资最少"的新区新盆地高效勘探的经典范例,获评中国石油2018年度油气勘探重大发现特等奖。

勠力同心,领军挂帅,科研征程谱新篇

"功成名就"后的刘静没有停歇,2019年,她又把奋斗目标转移到了另一个"冷门"新区,再次迎难而上,主动请缨承担了"零起点"的巴彦河套盆地中北部区域油气勘探重任,开始新的找油征程,一场新时期石油会战就此拉开。2019年4月正值河套盆地北部兴隆构造带的三维资料处理出站,这一刻开始,刘静和她的团队开启了"无休"模式,仅用了3周时间就完成了800多平方千米三维地震四套层系的地震资料解释等一系列工作,而以往完成这些工作量至少需要2个月。

正当一切都步入正轨,却被一次体检结果打破了平静。在体检结果中,"建议手术"4个字让刘静眉头紧皱。一旦做了手术,就意味着需要静养一段时间,这样就会大大降低工

作效率，还会拖整个团队的后腿，思考再三，刘静将早就应该做的手术推迟到储量落实工作全部完成之后的国庆假期。假期中，当举国上下都在欢庆，身边人都在晒美食、旅游的时候，刘静却躺在病床上处理工作，她把笔记本电脑带到了病房，一边养病一边工作，稍有好转后，她便迫不及待地返回了工作岗位。

在数九寒天的内蒙古西部的河套盆地，沙尘暴说来就来，狂风夹着沙粒，最低气温能到零下20摄氏度，冷风夹杂着雪粒，砸在脸上如针扎般疼痛。恶劣的环境没有阻挡刘静和她的团队矢志找油的决心，她把一串串大大小小、深深浅浅的脚印刻写成大地上的诗行，她把一个个日日夜夜、早早晚晚的时光转换为地宫中的希望，刘静和团队成员们用辛勤汗水，唤醒了脚下沉睡的油气宝藏。

2020年再传佳音，钻探的临华1x井、兴华1井均获高产油流，临河坳陷北部油气勘探再获重大发现，连续两年上交超亿吨探明储量，开创华北油田在深层碎屑岩领域年度上交探明石油地质储量超亿吨的历史先河，发现了内蒙古地区最大单体整装巴彦油田，为华北油田打造千万吨油当量综合能源公司做出突出贡献。

筑梦海外　彰显巾帼本色
不负青春　浇灌奋斗芳华

——中国石油国际勘探开发有限公司乍得公司
上游项目财务部经理　胡婧潇

把信念的种子撒进泥土，将担当的羽翼迎风展开，在拼搏的舞台翩翩起舞。由来巾帼甘心受，何必将军是丈夫。海外八年，她如木兰、似良玉，把激情注入枯燥的数字使之变得鲜活，赢得了一场场海外资金资产"保卫战"。

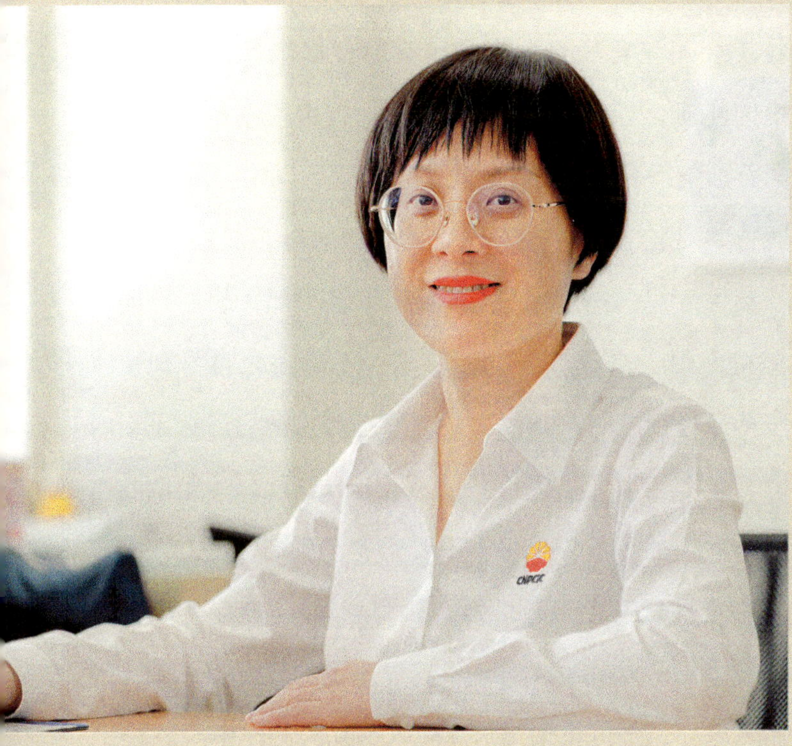

胡婧潇，女，汉族，1984年5月出生，2009年6月毕业于中国石油大学（华东）会计学专业，硕士研究生学历。毕业后就职于中国石油国际勘探开发有限公司，先后在中国石油拉美公司秘鲁项目和中油国际财税部工作，高级会计师、中国注册会计师。2014年11月加入中国共产党。目前任中国石油乍得公司上游项目财务部经理。

践行"对党忠诚"之诺，照亮逐梦的奋斗征程。"天下至德，莫大于忠"。作为一名新时代年轻干部，胡婧潇同志始终坚持学习，自觉加强党性修养，不断强化自身理论水平，坚持通过读原著、学原文、悟原理深入学习习近平新时代中国特色社会主义思想、《习近平谈治国理政》（第四卷）、党的二十大精神等重要思想、重要论述，深刻领悟"两个确立"的决定性意义，不断增强"四个意识"、坚定"四个自信"、做到"两个维护"，时刻不忘以坚定的理想信念砥砺对党的赤诚忠心，坚持将理想信念融入平凡的工作中。

践行"实干担当"之诺，书写无悔的奋斗答卷。"士虽有学，而行为本"。于平凡铸不凡，踏实又本分是胡婧潇同志的"座右铭"；完成并完美是她追求成长进步的"垫脚石"。在平凡的岗位上她力求完成每一项任务、做好每一件

小事，始终以扎实的作风和饱满的热情高度负责地投入各项工作。面对种种困难挑战，始终做到接受任务不找借口、执行任务不讲困难，高质量完成各项工作。2020年，面对新冠疫情暴发和油价断崖式下跌双重考验，她带领财务团队克服人员少、任务重、休假暂停等多重困难，坚守岗位超15个月，期间组织开展项目公司降本增效、税款缴纳等专项工作，避免了因"黑天鹅事件"造成公司现金流断裂，助力公司渡过难关。2021年4月乍得政局动荡引发社会安全风险指数级暴增，为保证员工安全，项目公司立即撤离了大多数中

方员工，关键时刻她发扬巾帼不让须眉的勇气担当，作为留守乍得坚守岗位的唯一一名女同志，义无反顾扛起了确保公司财务业务正常运转和保障资金资产安全的责任，同时为随时可能发生的紧急撤离提供财务保障。时至2022年，她带领团队积极应对石油成本审计，在国内休假期间仍远程组织准备千余份材料，为提高工作效率，她始终与乍得工作时间保持同步。在审计问题解释阶段，她以柔克刚积极争取与审计团队面对面交流，秉承"实事求是、抓大不放小"的原则，以合同条款和会计准则为依据，以"不破楼兰终不还"的韧劲成功化解了审计团队提出的4亿美元石油成本争议。工作之余她不断学习，提高自身财务专业能力和素养，在第五期中央国家机关会计领军人才遴选中，她顺利通过资格预审、笔试、面试等层层选拔，作为集团公司入选的两人之一，成功进入企业类40人培训名单。

践行"扎根基层"之诺，绽放绚丽的奋斗之花。"合抱之木，生于毫末"。像"钉子"一样扎根基层，在一个个不起眼的日子里做到坚持与坚守，日常工作中她高度重视对年轻同事的培养，作为公司最年轻团队的负责人，她积极给予年轻同事事无巨细的指导，让他们牵头负责财务商务方面的重点项目以锻炼工作统筹等多种能力。在海外工作生活中，她主动团结同事，通过耐心的思想工作和人文关怀疏塞解堵，帮助新员工缓解适应海外紧张的工作。身为女工委员，她积极了解女工的困难和诉求，及时协助解决。作为海外石油人的妻子，她全力支持爱人在海外工作，爱人李晓雄海龄超过14年。2017年年初儿子满月刚过，爱人便再次奔赴海外岗位，她独自扛起了照顾家庭的全部责任。2019年她服从组织安排到乍得上游项目负责财务工作，毅然再次踏上海外征程。疫情3年，聚少离多的一家人每年见面时间不到3个月，工作期间，每天半个小时的"三地视频"是他们仅有的交流时间。舍小家为大家，从一而终、一以贯之，她把"细致、精致、极致"作为丈量工作的标尺，脚踏实地扎根基层埋头苦干，绽放出以奋斗为底色的"绚丽之花"。

扎根油海守初心
钻井一线"领头雁"

——长城钻探工程公司钻井技术服务公司女子定向队队长 张 娇

她是奋战在石油一线的巾帼工程师,是刚柔并济的铁娘子,用自己娇小的肩膀扛起石油女铁人的旗帜,怀揣梦想、披荆斩棘,不让须眉、更胜儿郎,刻画出一幅幅精致完美的井身轨迹,制作出一件件技术精湛的施工方案,把最美的青春写在钻井定向事业的乐章里。

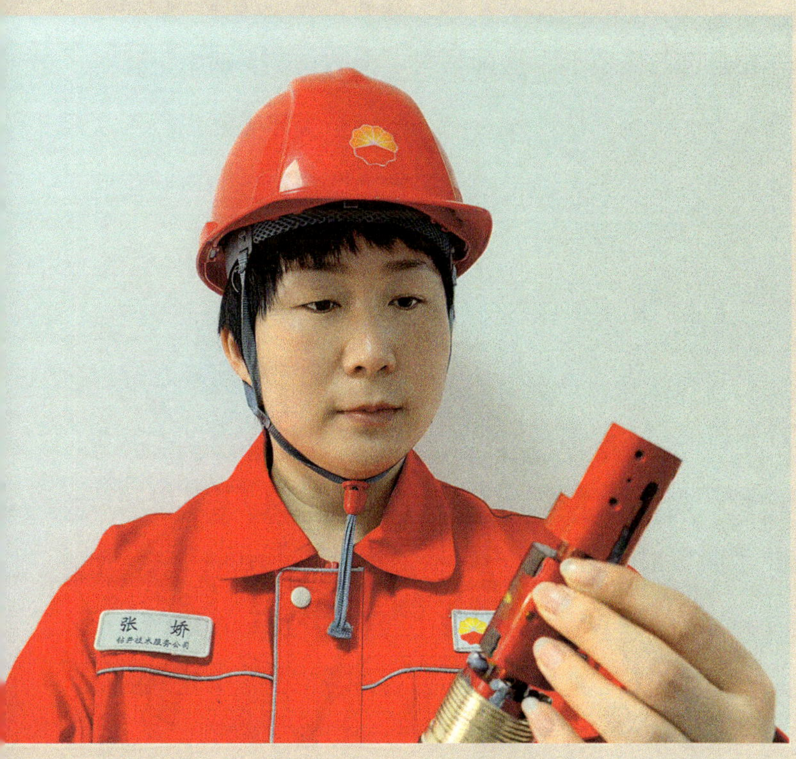
张 娇
钻井技术服务公司

"人生，只有走出来的美丽，没有等出来的辉煌。"这是长城钻探钻井技术服务公司女子定向队队长张娇一直坚守的信念。15年的一线生涯，她走遍了辽河大地，就像一枚螺丝钉坚守在自己的岗位上，从随钻工、副队长、支部书记，到如今成长为女子定向队队长……一步一个脚印砥砺前行，从拥有梦想到铸就荣光，她带领女子定向队用娇小的肩膀撑起了半边天，把最美的青春写在钻井定向事业的乐章里，成为钢铁钻塔上最耀眼的那抹红。

心中有诺，信念坚定成梦想。她从小生在辽宁省盘锦市辽河油田矿区一个普通家庭，从小就有一颗成为石油人的初心，大学毕业以后，毅然迈入了石油行业。刚开始从事随钻测量技术服务时，由于整串仪器的重量将近100千克，连接仪器电池筒、探管等组件总是出现对扣不顺畅等情况，一天下来胳膊乏力抬不起来，油污粘的浑身都是，十几米的钻台每天上下几十次，遇到暴雪大雨天气，站在钻台上定向工服、工鞋都能湿透了……有的时候也会流下伤心的眼泪，但她知道每一名石油工人的背后都充满着艰辛和磨难，低下头偷偷抹去眼泪，抬起头笑着面对，坦然接受。多少个深夜，她埋头苦干，勤学苦练，从事油田开发工作，从一位名不见

人物事迹

经传的初学者蜕变成长为独当一面的技术骨干,在上百口井的实践历练中不断磨砺自己,到最后成为女子定向队队长,承担集团公司重点工程储气库、局级精品工程等重点井施工作业,单位的男同事也经常开玩笑说"青出于蓝而胜于蓝",让她觉得这一切都值得。她用最质朴的坚持与汗水,诠释了石油精神、铁人精神!

肩上有责,舍弃小家顾大家。面对"寒冬逆势",她带领女子定向队勇敢拼搏,在平凡岗位实干坚守、默默奉献,

为了担负起随钻技术服务与工程管理的重任，重点从事井眼轨迹设计和生产运行动态分析，往返于辽河油区各平台施工井，不断总结不同方位象限的地层漂移规律，制定了辽河油区13个区块的提速方案和技术模板，为油田勘探开发增储上产奠定坚实的基础。这些年，由于经常在现场施工，不能经常陪伴在孩子身边，只有工作空闲时才能与孩子视频通话聊天，看见孩子委屈的抽泣她也是强忍泪水……对于家人和孩子总是感觉内疚和亏欠，但想起作为石油人的责任和担当，只能摒弃泪水舍"小家"顾"大家"，用行动践行着一名"女石油人"的责任与担当。

技术创新，砥砺前行铸荣光。"只有遇到问题，解决问题，才能不断地提高自己的能力。"她无所畏惧、砥砺前行，经常鼓励队员们。针对辽河油区空间三维定向井、水平井等复杂结构井，结合地层岩性、钻具组合、复合钻进趋势等特点，制定多个重点项目的施工技术模板，依据不同层位特点开展风险评估及轨迹优化，优选不同开次的钻具组合及钻井参数，助力钻井提速提效。这些年，她带领女子定向队累计完成测量技术服务350井次，钻井进尺35万余米，井身质量合格率100%，其中在国家重点区块的储气库区块，多次刷新双51区块井深最深、钻井周期最短、机械钻速最快等多项施工纪录；辽河油田重点探井沈373井，钻井周期提前11天完钻，助力钻井提速提效，获得甲方高度表扬。在生产保障车间，她始终做到仪器使用记录翔实、故障部件判断准确、全生命闭环周期管理，带领队员加入公司新一代GW-LWD集成化电阻率方位伽马仪器的研发工作，该仪器已经成功在辽河油区国家储气库、沈北区块、双229区块等区域推广应用上百口井，不断提升公司高端装备现场服务的竞争力。

15年里，张娇用自己的青春年华赋予责任和庄严，用坚持和奋斗谱写了石油精神的初心和使命，多次获得"长城女杰"、长城钻探先进个人及HSE先进个人等荣誉，带领女子定向队先后荣获集团公司巾帼建功先进集体、长城钻探巾帼建功示范岗、长城钻探先进集体、长城钻探先进基层党组织等多项荣誉。

打造"钻井血液"
浇灌"一带一路"能源之花

——川庆钻探工程有限公司钻井液技术服务公司副经理 王 兰

她以柔弱之肩挑起攻关千斤担,打造"钻井血液",浇灌"一带一路"能源之花;她以温暖胸怀撑起创新一片天,孵化"科技雏鸟",培养青年英才集智攻坚;"兰"心有光,路在前方。

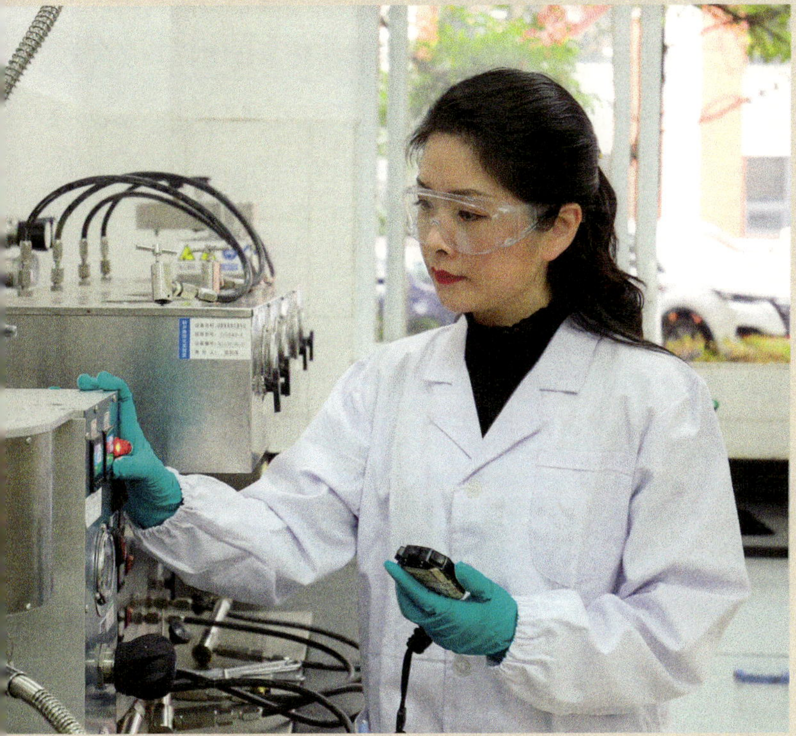

钻井液被誉为"钻井的血液",在确保安全钻井、保护油气等方面,发挥着不可替代的作用。王兰作为川庆钻探工程公司"巾帼创新工作室"和"劳模创新工作室"带头人之一,工作16年来致力于非常规、深部油气领域钻井液技术攻关,个人承担国家、集团等科研项目40余项,授权专利12件,发表论文31篇,合著著作2部,获部局级科技奖励16项,获"四川省五一巾帼标兵""川庆公司劳动模范"等多项地市级以上荣誉,带领团队以科技创新实现创效数亿元。

从"梦"到"真"搞研究,巾帼何曾让须眉

一进单位,王兰就锁定目标,做好钻井液基础理论研究。为了梦想成真,较孜孜不倦、无怨无悔的科技工作者们更多一份女性坚韧的王兰努力克服生活的重重困难。同为石油人的丈夫长年奋战一线,她依然不顾身孕坚持只身在家、单位和实验室之间频繁往返,一心扑在研究上。如今身为妈妈,又常常"言而无信"错失两个女儿的成长。但对王兰来说,必须加倍付出才能将梦想照进现实,才能给女儿们做好榜样。

多年的刻苦钻研终于换来鲜花和掌声。2012年,在IADC/

SPE 亚太钻井技术国际会议上，王兰以"气—液转换过程中的成膜防塌技术探索研究"为题发言，赢得广泛赞誉；在钻井技术研讨会和天然气学术年会上，连续两年蝉联国家级优秀论文"一等奖"，引起高度关注。得到国内外最知名学术会议的认可，不仅提升了王兰研究成果的社会影响力，更为她带领团队打造中国石油钻井液国际创新领先品牌奠定了基础。

从"无"到"优"铸利器，梅花香自苦寒来

打造属于中国石油的钻井液利器，是王兰始终如一的科技报国初心。2012 年，为突破国外技术封锁，她带领团队开启了页岩气油基钻井液国产化攻关之路，从揭示页岩井壁失稳机理入手，历时 3 年、查阅 700 余份资料、完成 3000 余次实验，首创三元复合封堵机理，研发 17 种核心产品，最终形成耐温 220 摄氏度、密度 2.68 克 / 厘米^3 国产油基钻井液，实现单井价格降低 75% 以上（仅 300 万元），成功入选中国石油集团公司自主创新产品目录，助推长宁—威远国家级页岩气示范区建设。

针对被认定为世界级难题的、四川盆地特有的复杂地层

恶性井漏治理，王兰带领团队传承传统堵漏工艺，历经2000多个日夜，在井漏机理、堵漏产品和工具工艺上持续攻关，研发12种核心堵漏剂产品，形成复杂地层井漏治理关键技术，钻井复杂时间降低70%以上，被中国工程院院士罗平亚高度认可，获评"四川省石油天然气科学技术二等奖"。

领先品牌在王兰和团队的不懈努力中一步步建立起来。他们创新形成的十大特色钻井液技术，整体达国际先进水平，实现从跟跑、并跑到领跑的历史性跨越。高密度饱和盐水钻井液，成为中亚土库曼斯坦高温、高压、高含盐气田勘探开发的核心技术，打一口井由2~3年降至3个月内，安全钻井率100%。环保水基钻井液，保障南美亚马孙热带雨林绿色开发，钻井周期缩短40%以上，复杂时效率降低20%以上，助力川庆钻探公司成为南美市场首选钻井液服务商。

从"独"到"众"带团队，百花齐放春满园

王兰从未停止前进的脚步。这个领导和同事眼里的"拼命兰姐"深知"独木难成林，每一个进步必是集体智慧的结晶。"从刚参加工作的"单打独斗"，到如今拥有"双创新"平台的

领头雁，王兰以柔肩挑下科技攻关和人才培养的重担。

她倾力打造人才"孵化器"，与集团公司技能专家工作室联动开展传帮带，给年轻人下军令状、压担子。近5年，培养集团公司青年人才、高级工程师等20余人次，吸引博士、博士后10余人。依托国家级、省级重点实验室，团队建立起"研发、验证和推广"三位一体的创新循环，获得省部级和局级成果43项，创新技术成果在国内外推广超两千口井，减少井下复杂、提高钻井效率实现数倍提升。

有着21年党龄的王兰，带领团队牢记习近平总书记"把能源的饭碗端在自己手里"的嘱托，为建设基业长青的世界一流综合性国际能源公司贡献着"她"力量，为实现"一带一路"能源合作和中国"气大庆"目标提供坚强技术保障。如今，他们正朝着万米特深井亟须的抗260摄氏度油基钻井液进军，为擦亮中国石油钻井液国际创新领先品牌书写辉煌新篇！

解锁地下储能技术 保持国内领跑地位

——工程技术研究院有限公司非常规油气工程研究所储库室主任 李景翠

解锁地下储能技术,是十余载的深情。平凡一女子,在难啃的骨头面前,却非凡执着。不惧强者,抵达国内外技术最前沿。精心储藏30座地下"能量瓶",是对祖国最长情的告白,胜却人间无数。兴油报国,盛放角落也绚烂。

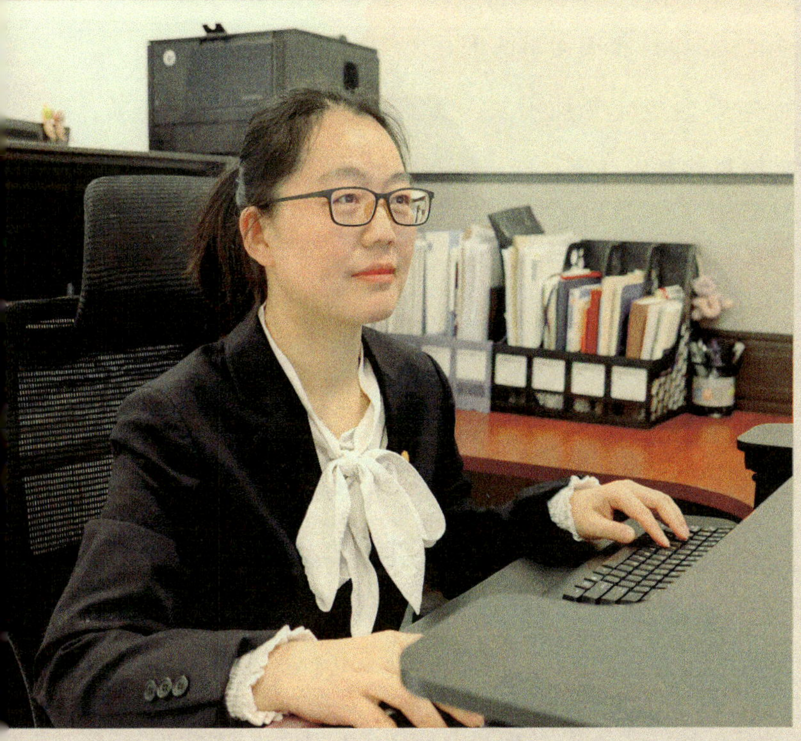

李景翠，党员，高级工程师，硕士研究生导师。2009年于中国石油勘探开发研究院硕士毕业。现任中国石油集团工程技术研究院有限公司非常规油气工程研究所储库室主任，并于2021年攻读重庆大学博士。

她先后主持或参加国家、集团、股份等课题20余项，获省部级科技奖励7项，厅局级奖励11项；获集团公司"青年科技人才""青年英才""青年岗位能手"等4项荣誉称号。参编论著3部，发表论文27篇（SCI/EI检索11篇），申请发明专利20余件（授权7件），申请国际专利1件，组织或参编标准9项，登记软著3项。

地下储气库是保障国家能源安全的重大基础设施，是天然气"产供储销"体系中的关键一环，事关人民的生产生活和社会稳定。面对我国储气库建设难题，李景翠带领团队经十余年攻关，终攻克了从气藏到盐穴、从陆地到海上、从浅层到深层的复杂地层建库关键工程技术，使我国建库工程技术由跟跑到并跑，最终处于国际领先水平。

全力攻关攀高峰，做储气库突破"先锋"

2010年集团公司全面贯彻执行国家关于能源战略安全的要求，李景翠与团队一头扎进储气库建设，一干就是14载。

入职以来，李景翠一直从事地下储气库钻完井技术和工具研发。当时面临制约国内储气库高质量发展的一系列难题，诸如地质结构复杂、埋藏深、地层压力系数低、储层类型多样等。她与团队常年扎根现场，几乎踏遍了国内所有已建、待建库区，并强化基础研究。期间，她直面储气库井筒完整性检测工具匮乏、评价体系不健全等问题，从油管泄漏检测工具入手，逐一攻克了高频超声信号快速衰减无法捕捉等难题，为做实做强"集团公司储气库井工程评估分中心"提供技术利器。

支持吉林储气库期间，李景翠率领团队克服时间紧、人员少、任务紧等困难，全面组织了专项方案的编制。2个月内，工作日在单位加班，周末整日把自己关在书房，同时操作两台电脑，一台地质建模、一台井眼轨迹设计，24小时跟

踪拟合现场数据，确保长水平段安全钻进，保障了国内 30 座储气库的安全高效建设。

从 0 到 1 迎挑战，做储能库创新"勇者"

盐穴大规模储能对推动能源绿色转型、保障能源安全等意义非凡，而利用已有盐腔建储能库是充分利用地下空间的有效途径。

2020 年 8 月，国内第一座压缩空气储能库即世界首个非补燃储能库在江苏金坛投入建设。为满足地面周期性发电，不仅需攻克三维盐矿老腔高精度反演等技术，还需研发适应于复杂工况的大尺寸封隔器。面对从"0"到"1"的挑战，李景翠毫不退缩，带领团队从结构图纸下手，进行了成千上万次的模拟仿真和性能测试，终成功应用。

时至今日，"世界首台套 300 兆瓦级非补燃压缩空气储能库地下工程建设"又给储能库团队带来了新的世界级挑战。

家国情怀显担当，做言传身教好"榜样"

任何成绩的取得从无轻松而言，每一个职业女性背后都是辛劳，而作为两个孩子的妈妈，李景翠更是遇到了太多挑战。

为完成一整套实验、为去现场实地蹲点，吃饭喝水都是奢望，更别提接孩子、管作业，给孩子做饭。但有国才有家，为保障国内一座座储气库为千家万户送去"福气"，她一直在寻找家庭和工作两不误的妙招，以打破这僵局：妈妈，你总是打电话、干活、开会，什么时候能陪我们玩呀？最后她把除了电话和开会之外的工作都放到孩子入睡后，每天孩子睡着了，再蹑手蹑脚地去工作抑或学习，也经常凌晨两三点还在给同事留言。即便这样，孩子们依然很支持妈妈的工作，也为妈妈骄傲，更懂得妈妈的艰辛，常趴在妈妈怀里说："妈妈，我爱您，我要好好学习，长大了像您一样优秀！"

为祖国加"油"增"气"是百万石油人的使命和坚守，为万千家庭送去"永不枯竭"的"底气"是储气库人的执着和担当！李景翠团队将为推动储能库技术的进步勇毅前行，再立新功！

逆袭攀登不停步
奋斗人生不"躺平"

——抚顺石化公司烯烃厂乙烯车间
分离班长 张海燕

不甘随波逐流,37岁转行乙烯技术;不做"躺平"员工,47岁成为集团首席。夯基础,展实力,从零做起;善钻研,勤思考,从头再来;自强,激励你在逆境中求变;自立,鞭策你在成长中闪亮;自信,支撑你在职场中飞扬。

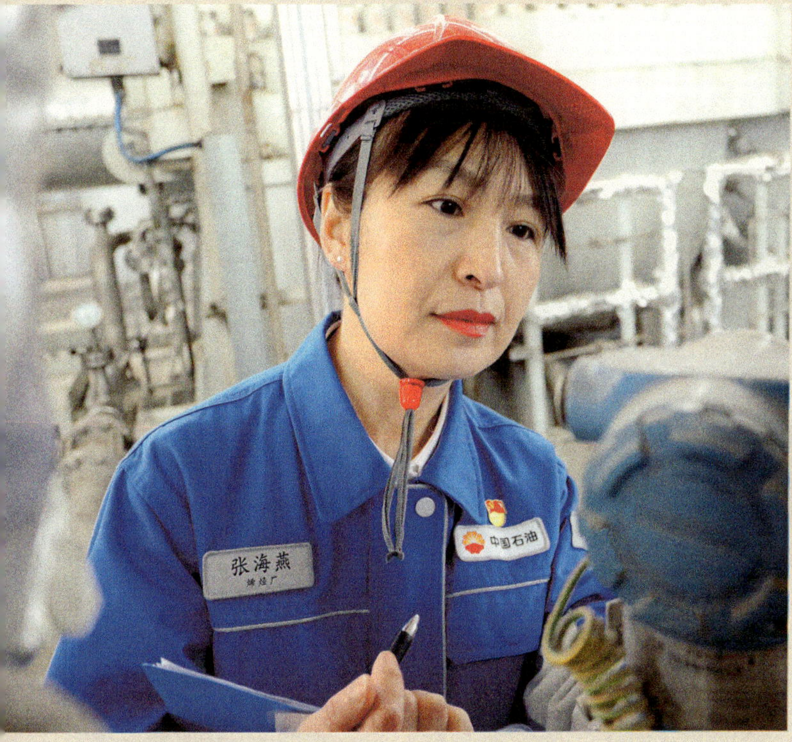
张海燕
中国石油

面对石化产业结构调整带来的岗位改变、人员调整，有的人以年龄大、学历低为借口，选择"躺平"。有的人毅然选择"挑战不可能"，由此打开一扇窗，迎来一路阳光。

不能当富余人员，37岁转行学习最先进乙烯技术

俗话说"三十不学艺"。2012年，因为毛条装置停工，让在这里工作17年的张海燕成了"富余"人员。为了不给企业增加负担，也为了证明人生的意义。已经37岁的张海燕主动申请到正在开工建设的抚顺石化80万吨乙烯车间，转岗成为一线操作工。

为熟练掌握5000多条压力管道走向、2000多个联锁点、750多台动静设备运行，张海燕记不清每天往返装置区多少趟，跑流程、遛管线、爬平台。当时，乙烯装置处在吹扫置换阶段，装置区内灰尘弥漫，一个班下来，身上的工作服就变成了"乞丐装"。她口袋揣着小本子，随时记录整理、随时复习，短短一年，写满了四大本学习笔记本。她的包里随时装着PID图、装置操作规程。班组同事半开玩笑地说："海燕啊，你可长点儿心吧，人家女生包里装的是化妆品，你倒好，天天装着

工艺书。"功夫不负有心人，张海燕以优于其他员工的成绩成为独立顶岗"第一人"。

不能比丈夫差，47 岁成为集团公司首席技师

张海燕的丈夫李祥军由于技术过硬，很快担任乙烯车间工艺甲班值班长。张海燕一直很崇拜丈夫，她憋足了劲，与李祥军比着学。

装置开工的一个月时间里，班组实行 48 小时两班倒，张海燕和李祥军二人被分配在不同的班组，每天只有交接班时间才能见面。怕妻子累坏身体，李祥军就把家庭、孩子的一些事和日常的学习体会预先写下来，在交接班的时候传"纸条"。"纸条"成了夫妻俩特殊时期的"情书"。张海燕患有风湿疼痛，李祥军就坚持用自行车接送到通勤车站。

他们时常一起切磋技艺，共同研究操作知识和生产难题，还"发明"了抽题做家务的办法。将操作规程相关知识做成卡片，互相抽题作答，答错的就要被罚做家务，在共同学习进步中加深感情。2017 年，张海燕和丈夫李祥军同时参加抚顺石化公司技师考评，夫妻二人均以高分双双通过。2018 年，

张海燕被聘为抚顺石化技能专家。

一名合格的乙烯装置技师，要不断钻研生产操作方面的工作技巧和创新思路，张海燕不断释放创新能量，积极参与装置的技术革新和改造，解决了 20 多项生产难题。针对裂解炉切换模式，张海燕提出"改变裂解炉常规切换模式"的技术措施，解决了裂解炉切换期间装置波动的难题，创效 1323 万元，该项目被评为集团公司班组创新创效优秀攻关项目。

生产中，张海燕及时发现甲烷膨胀机突然停机等几十项安全隐患，仅 2022 年在烯烃厂开展的隐患"消消乐"活动中发现隐患 10 次。2022 年 7 月，张海燕被集团公司聘为第一批首席技师。

不能一花独放，传育新人夺得集团公司一等奖

乙烯车间绝大部分员工是大学毕业生，还有 4 名研究生，平均年龄 34 岁。张海燕主动与车间的青年员工交流谈心，讲解工艺、熟悉流程，以及遇到突发事件，如何正确地应急处置，帮助车间年轻员工"弯道超车"。

乙烯装置不合格凝液因设计原因无法回收，张海燕在班组

成立攻关小组，比对实际操作，提出将不合格凝液引入常压凝液闪蒸罐的建议，每年回收凝液 7 万吨。她还积极参与推动车间整个员工团队进步，高技能人才达 13 人，一岗多能员工比例达 90%。

张海燕依托烯烃厂开展的"'匠心挚爱，呵护美好'我为企业做贡献评选"活动，从日常工作中碰到的实际问题着手，开展技术创新。"消除丁二烯装置脱重塔回流系统腐蚀"的项目，获得集团公司第二届创新大赛生产创新炼油化工专业比赛一等奖。

张海燕先后获得集团公司第二届创新大赛生产创新炼油化工专业比赛一等奖、集团公司巾帼建功先进个人、抚顺市技术明星等荣誉。2018 年，她的家庭被评为全国最美家庭。

争做防腐"智多星"
一心绽放石油情

——兰州石化公司研究院防腐技术研究所
　副所长　刘雪梅

　　她走南闯北,把最纯粹的爱给了防腐事业,她披星戴月,把不舍的背影给了挚爱亲情。"放不下"的是责任,"回不去"的是芳华。出发,再出发,纵使悠悠天宇旷,难舍切切石油情。

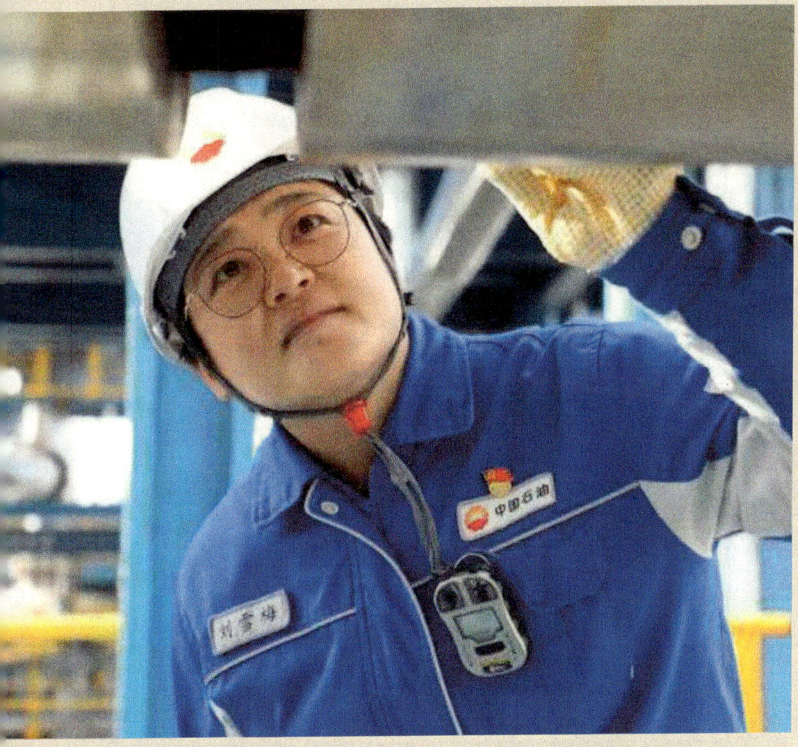
中国石油

刘雪梅是兰州石化公司研究院防腐技术研究所一名技术骨干，工作18年来，她始终怀揣着技术人员追求卓越的梦想，奋斗在科研和技术推广的前沿。她先后获科技成果及各类知识产权等20项，曾荣获集团公司QHSE先进个人、集团公司HSE管理体系优秀审核员、中国石油炼化企业腐蚀与防护工作先进个人、兰州石化公司"劳动模范""模范共产党员""设备管理先进个人""先进科技工作者""女职工标兵"等20余项个人荣誉。

随着炼化装置的腐蚀问题日益突出，腐蚀泄漏成为制约装置长周期运行的重要因素。依托"中国石油炼化企业腐蚀与防护工作中心"和"中国石油防腐特色技术中心"两个平台，刘雪梅和她的团队紧密围绕常减压、催化、重整、加氢等关键炼油装置腐蚀瓶颈问题开展科研攻关，解决了加氢装置结盐等一大批影响装置长周期运行的突出问题，形成具有行业先进水平的炼化装置工艺防腐成套技术和炼油装置腐蚀监测预警技术。她所在团队首次提出"一图、两表、一手册、一报告"工艺防腐标准化体系，积极推进炼化企业防腐蚀管理，为装置长周期安全运行提供了技术保障。

作为腐蚀与防护工作中心骨干人员入选中国石油炼化专

家人才库，参与中国石油炼化企业腐蚀与防护管理制度体系建设，参与制修订防腐蚀制度9项，参加炼化企业腐蚀问题分析与诊断工作5次，开展防腐蚀技术培训20余场，将工艺防腐、腐蚀适应性评估、停工腐蚀检查等优势技术成功推广至17家炼化企业，取得了显著的经济效益和社会效益，为炼化分公司防腐蚀工作做出了突出贡献。

2019—2022年4年间，她平均每年出差在200天左右，最多的时候一年在家不足3个月。在单位她是技术骨干，可在家她也只是一个普普通通的妻子、妈妈和女儿，上有年近七旬的父母需要照顾，下有上小学的女儿需要教导。一次出差的前夜，她接到母亲的电话，父亲心脏病犯了。她连忙赶过去将父亲送到医院。直至凌晨5点多，做完检查和治疗后，父亲的病情才平稳。当天早晨，一夜没合眼的她又背起行囊踏上了新的征程。如今女儿已经六年级了，可班主任老师至今只见过她一次。缺席了孩子的成长，她的心中有些许遗憾，可在面对每一次亲情和工作的选择时，她总是将工作放在了首位。她唯一能分享给家人的是她亮闪闪的奖牌和厚厚的证书。

2022年8月，兰州石化公司要求2个月内完成44套主要炼化装置的脉冲涡流扫查工作，排查装置腐蚀隐患。这项任务

时间紧，难度高，协调工作量大，而且还要克服高温、雨天等不利因素，谁都知道这是一块硬骨头。她主动请缨担任该项目负责人，科学制定实施方案，积极协调沟通，带领团队连续奋战56天，累计扫查4164个管件，发现腐蚀减薄部位488个，提前4天圆满完成了任务，为公司完善2023年装置大检修计划提供了科学依据。

4年一次的大检修是设备体检的好机会，也是掌握设备第一手腐蚀资料，开展技术攻关的绝佳机会。2022年5月份她带领团队冒着新冠疫情风险赶往辽河石化大检修现场，对14套关键装置近1000台设备开展了为期40天的停工腐蚀检查工作。整个工作不仅要求有过硬的腐蚀专业知识，对体力也是一场严峻的考验。她坚持做到重点装置重点设备亲自检查，每进出一次人孔、每下一层塔盘都是对身体柔韧性和臂力的考验。洁白的防护服成了"水墨丹青"，干净的脸庞也成了"京剧花脸"，可她的脸上始终洋溢着灿烂的笑容和满满的成就感。她和同事们凭借着火眼金睛和专业技术知识，累计发现腐蚀问题295项，为装置下一周期的平稳运行打下坚实基础。

成绩属于过去，明天任重道远。她和她的团队将从党的二十大精神中汲取不竭动力，不忘初心、牢记使命，发扬"苦干实干""三老四严"的石油精神，加快科技创新步伐，不断提升防腐技术攻关和服务能力，奋进新征程，创造新业绩，继续为炼化装置安稳运行保驾护航！

十年污水治理
净化一个"西湖"

——独山子石化公司公用工程部
副总工程师 王静丽

一米五的个头，不足百斤的身体，却喷发出火山一样的能量。16年的环保之路，她让天山下的工厂鸟语花香、锦鳞畅游；10年的污水治理，她为缺水的戈壁节省出一个"西湖"。她是播撒雨露的水姑娘，她是点亮戈壁的雪莲花。

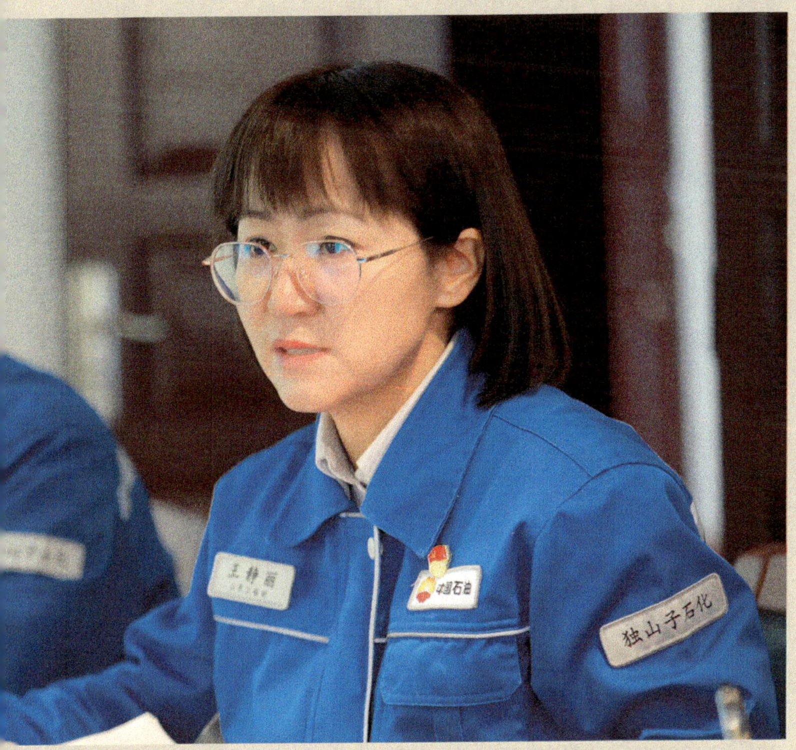
王静丽
中国石油
独山子石化

王静丽，女，汉族，中共党员。2007年毕业于中国石油大学（北京）化学科学与工程学院，现任独山子石化公司公用工程部副总工程师。曾获得集团公司先进工作者、中国石油巾帼建功先进个人、全国石油和化工行业优秀技能人才、独山子石化"杰出青年"等荣誉。

王静丽始终永葆"石油工人心向党"的政治底色，牢记"绿水青山就是金山银山"的使命担当，积极消化最新环保技术，解决环保治理瓶颈问题，先后参与多项重点环保项目的建设，完成环保科技攻关12项，助力企业产生经济效益上亿元，同时增大污水回用对干旱缺水的新疆意义重大、社会效益显著。

勤思敏学，党员身份彰显甘于奉献大担当

工作以来，无论在哪个岗位，她始终把党员身份记在心头，把党员形象落在实处，以身作则，干在前列，踏踏实实地干好每一份工作，并在工作中虚心请教、及时总结，不断学习进取、锤炼提升。在各种检修、应急处置等急难险重工作中，她始终冲在最前线，用自己的行动影响着更多员工，践行着

"我为祖国献石油"的责任与担当。

2016年，车间两套废碱生化装置缺少技术人员，她主动接手管理工作。那段时间，她一边负责污水的运行管理，一边学习废碱生化装置相关知识，干中学、学中干。当时，为实施碱渣池隐患治理项目，两套废碱生化装置高负荷运行初期波动大。为了查找原因，她常常加班到深夜两三点，离开单位时，还会叮嘱班长工艺参数发生变化时要及时打电话。经过摸索攻关，装置运行趋于平稳，隐患得以整改。

2021年年初，她负责的公司重点环保项目进入施工攻坚期。为确保项目的施工安全和质量，她一直盯守在零下二十几摄氏度的施工现场，来回奔波在现场和办公室之间。她常说，项目从施工开始就一定要严格把关，安全上做到措施落实到位，工艺上做到了如指掌，质量上做到步步确认，这样才能保障正常运行中不出问题，避免重复检修。

爱岗敬业，娇小身躯蕴含创新创效大智慧

王静丽始终坚持从解决生产实际困难出发，长期致力于装置长周期运行、降本增效，强化科技攻关，创新性开展工作。

2020年，她经过大量收集比对历年水量、水质，结合单元运行特点、瓶颈，不断优化污水各系列运行，停备用运行成本较高的污水装置，实现公司污水集中运行管理、减少污水处理运行费用约760万元，污水回收率提高3%，实现节能减排。

长期的探索与实践，让她逐渐成为工业废水处理领域的"技术大拿"。在成长的道路上，她深刻认识到"独木难成林"，因此，她非常注重技术传承和传帮带，积极参与各类成果推广和交流发言，毫无保留地传播技术及创新理念。2021年，担任教练组组长，带领公司团队在全国石油和化工行业工业废水处理工比赛中取得团体二等奖的成绩。

奋斗青春，非凡十年做好绿色低碳大文章

王静丽从事环保工作的十年，正是新时代十年。

非凡十年，逐梦前行。王静丽用自己的奋斗青春在独山子石化环保升级之路上留下了浓墨重彩的印记。2018年，为保证VOCs（挥发性有机物）稳定达标，解决现场异味管控难题，她负责工业水场及固废处理装置的VOCs单元的试车、运行，

及时发现催化剂活性受到抑制并处理,对装置异味点源排查和处理,装置和周界异味明显改善,VOCs得到有效治理。同时,她将运行难点和安全风险进行总结归纳,撰写的论文《VOCs治理工艺的运行风险与防范措施》获2019年度中国石油健康安全环保论文一等奖。

2020年,作为公司重点环保项目外排废水减排及回收利用项目组成员,她审核签订技术协议43份,进行工艺路线优化和实施。2021年4月28日,项目一次性开车成功,公司污水总回收率从46%提高到75%,污水回用总量达历史峰值,当年就为公司节约用水成本1123万元。2022年,牵头完成8项污染物减排攻关,产生经济效益1422万元。

作为一名女性,王静丽十几年如一日穿梭在塔罐林立、管线密布的钢铁丛林中,用闪光的青春、无悔的选择,为祖国边疆环保事业的发展贡献巾帼力量。

脱下戎装重新起航
万吨油站承载梦想

——吉林销售公司辽源分公司向阳加油站
　　经理　马阿丽

  23年的栉风沐雨，23年的埋头苦干，让她从一位英姿飒爽的"军中绿花"，绽放成东辽河畔一颗灿烂的"宝石花"。这位万吨级加油站"掌门人"曾经在军营挥洒青春和热血，而今始终保持着军人的品格和本色，在平凡岗位上绽放女兵靓丽风采，书写着石油人最精彩的人生。

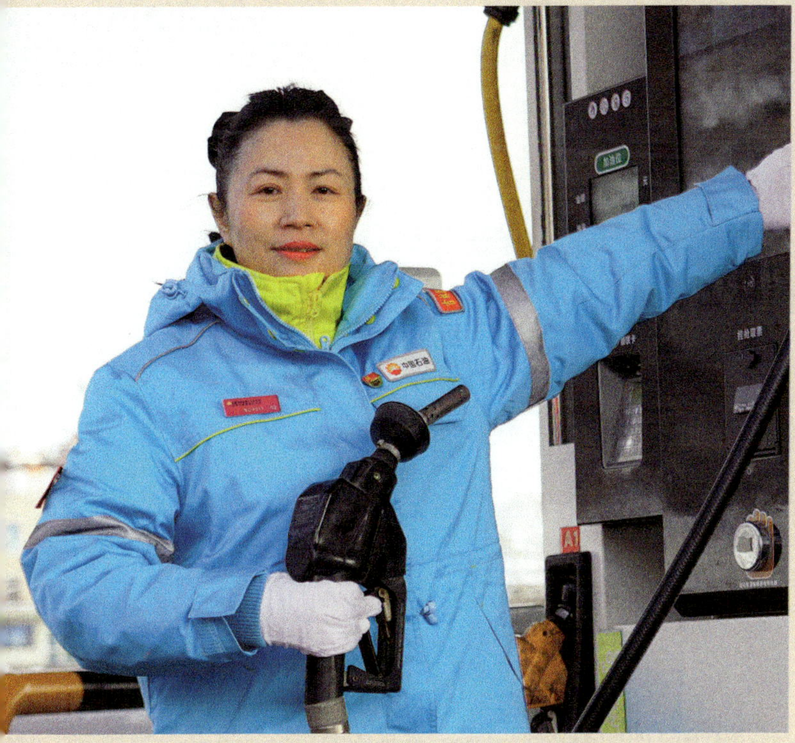
中国石油
A1

马阿丽，女，1979年出生，中共党员，大专学历，现任吉林销售公司辽源分公司向阳加油站经理。2017年8月，作为吉林销售公司唯一一名女站经理赴西藏销售公司交流，同年底因工作表现突出被省公司评为劳动模范荣誉称号。2019年取得了集团公司职业技能鉴定技师资格，同年底被省公司评为六星级站经理。2020年荣获集团公司劳动模范、吉林销售公司服务明星荣誉称号。在支部书记带头讲党课活动中，其党课"自觉坚定理想信念做到知行合一"荣获集团公司一等奖。

奉献，在岗位上发光

2000年，刚刚退伍脱下戎装的马阿丽，来到吉林销售公司，成为一名加油员。多年来，在加油员、核算员、副站经理、站经理等多岗位实践，汗水和付出让她一步一步成长为辽源地区唯一的万吨级加油站"掌门人"。从拿起油枪的那天起，爱国、创业、求实、奉献的企业精神，便在马阿丽的心里扎下了根。她以"巾帼不让须眉"的拼劲，以身作则，践行"铁人精神"，在平凡的岗位上，通过实干、奉献，让自己不断发出光和热。

2017年8月，马阿丽作为吉林省赴西藏交流加油站经理的一员,带着自己的管理经验和对学习的期盼,到拉萨分公司功德林加油站任站经理。严重的高原反应让她差点倒下,但军人的斗志、临行时领导们的殷殷嘱托和强烈的责任心激励她依然倔强的挺立!带头一线付油,全面参与站内管理,积极推广非油营销。在西藏销售公司交流期间,无论是同事还是顾客,都被她真诚、真实、真干的人格魅力和工作作风深深打动。交流结束后,她认真总结经验、活学活用,为促进两家销售公司不断交流发展做了积极的贡献。

马阿丽是辽源分公司唯一一座万吨级加油站经理,同时也是母亲、女儿和妻子。任站经理后她全年365天几乎没有休息,每天雷打不动早晨7点之前一定到站开始工作。为了照顾孩子,只能将父母从老家接来帮忙照顾孩子。孩子大了,年迈父亲却患了糖尿病并发症。马阿丽心里难过,父亲却拍着她的头说:"爸爸和你都曾是军人,都是共产党员,所以我们就要顾大家、舍小家,任何艰难险阻咱们都要冲在前面。"就是这份来自亲人的奉献传承和无私的爱,让她在工作岗位上一直积极地拼搏、奉献。

正当马阿丽将向阳加油站营销推向新台阶之际,她又遭遇了一个晴天霹雳,爱人突发脑溢血!她当时差点被这如山的压

力击垮。她用自己瘦弱身躯独自倔强地支撑着整个家庭和单位的重担，天天奔波于医院和加油站，一天只能休息几个小时。在她的悉心照料和无私付出下，爱人终于苏醒度过了危险期，同时向阳加油站也迈入了双万吨的销售门槛。这一刻，马阿丽抱着爱人放声大哭。她是战士、铁人，更是一个好妻子、好女儿、好母亲！

敬业，是操守更是精神

23年的石油人生涯，马阿丽把军人"身为一天兵、站好一班岗"的红色精神带到了岗位上，始终坚持干一行，爱一行，钻一行，全身心地投入到工作中。领导和同事们形容她最多的话就是："她骨子里还是个军人！"

2022年，当向阳加油站第一个员工出现新型冠状病毒感染症状时，作为站经理的她冲上最前线亲自付油，每天在室外加油时间都在8小时以上，被员工们称为"拼命三郎"。同时，她把家里的各种退烧药都分发给了员工，争取大家恢复健康第一时间返岗。在她的带领下加油站一直正常运营，销售依然居辽源分公司之冠。在人人居家防疫的特殊时期，为了保障油品供应，马阿丽依然选择舍小家，顾大家，把即将参加高考的儿子交给了父母和丈夫，自己背上行囊踏上驻站之旅。每当有进站车辆加油，她都会早于加油员到达加油岛。每一次提枪加油都冒着与病毒亲密接触、随时被感染的风险。面对如此高风险的感染率，说实话她心里也很害怕，但是为了保证社会能源和防疫物资的供应，再怕，也必须上。她带领站里的兄弟姐妹们夜以继日地坚守在岗位，2022年全年油品销售17672吨，超同期881吨，也创下了单站单日纯枪销量158吨的历史新高。疫情期间，马阿丽不仅忙碌着自己的本职工作，还抽空为体质较弱的同事们调剂好营养餐、熬好梨水，时刻督促他们多喝水、勤测体温，像大家长一样对每一名员工体贴关怀。在最困难的时期，她始终保持积极乐观的工作态度，照顾一个又一个病友，一个班次顶替一个班次。作为站经理的她，真真切切实实在在地履行职责，"无私""敬业"四字被她融入工作和生活的各个点滴细节之中。

马阿丽将自己最好的青春年华都无私奉献给了加油站，她以"敬业、坦诚、真干"为座右铭，在加油站销售工作上义无反顾，勇挑重担，用行动诠释了一名基层党员干部的初心，诠释了一名巾帼战士的担当，践行着一个石油人的使命。

青春之花绽放戈壁
热情服务传递温情

——内蒙古销售公司阿拉善分公司中港加油站经理 秀 荣

青春是方寸加油岛上的坚守,岁月是茫茫戈壁滩里的风沙。365个日夜,她用温情服务化解旅客的疲惫;12年时光,她用初心擎起荒漠的"灯塔"。她说,这只是一份工作,而我们知道,这是她写满深情的芳华。

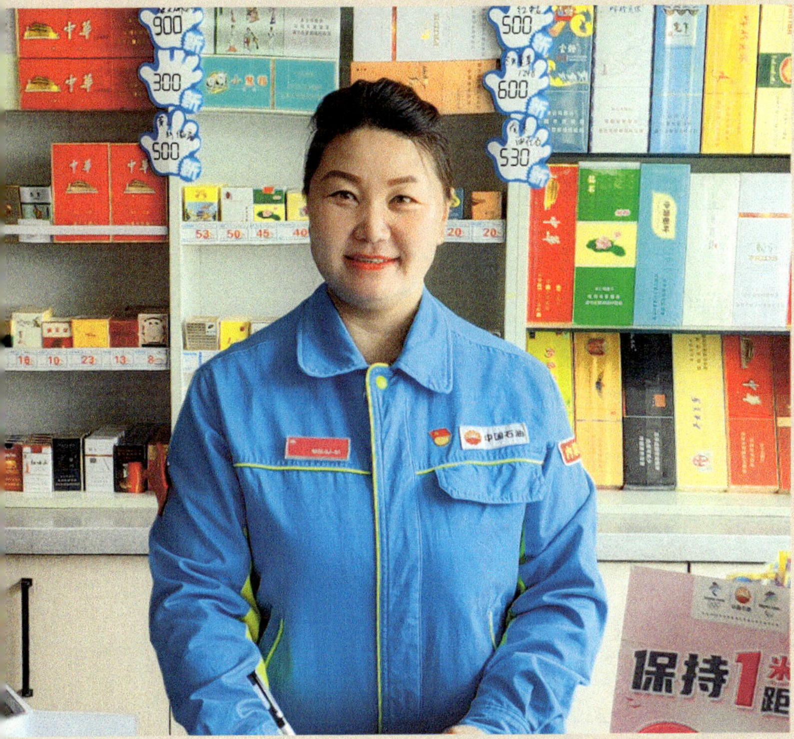
900
300
500
500
600
530
保持1

秀荣是一名活泼爽朗的蒙古族姑娘，1985年12月出生，大学本科学历，中共党员。2011年进入中国石油内蒙古销售公司阿拉善销售分公司工作，现任阿拉善分公司中港加油站值班经理。从事基层加油站管理工作以来，她始终服从组织安排，曾在荒无人烟的乌兰布和沙漠中坚守一座橇装加油站达一年之久。2020年6月至今担任阿拉善销售分公司中港加油站经理，在站经理岗位上，秀荣发挥出了女职工独有的细腻和韧性，带领加油站8名员工，在荒漠戈壁之上打造出了一座万吨级加油站。2022年，在秀荣的带领下，中港加油站成品油年销量更是达到18800吨，增幅达39%，实现非油销售147万元，同比增幅31%，成为分公司一颗耀眼的明星加油站，秀荣也成为分公司人人称赞的销售能手。

秀荣所在的中港加油站位于阿拉善左旗乌力吉苏木312省道286千米处，加油站周边是一眼望不到边的荒漠戈壁，夏季酷暑、冬季严寒，常年风沙较大，环境较为艰苦。由于位于西部重要交通运输通道上，加油站一直发挥着重要的保障作用。任职站经理以来，秀荣通过积极争取加油站改造资金提升加油站形象，抓现场管理努力提升服务，使得年销量只有几千吨的加油站一跃成为万吨级加油站。在抓销售的同时，秀荣抓住往来大型运输车辆较多的特点，在上级公司支持下，在中港加油站建设了分公司首个"爱心驿站"，通过打造便民设施和服务，赢得了广大客户的赞誉，加油站2017年被评为全国"工人先锋号"。

从2022年6月开始，中港加油站日销量平均在100吨左右，最高日销量达到181吨，创下了分公司单日销售历史新高。炎炎夏日，也是中港加油站最忙碌的时刻，戈壁上的气温高达40多摄氏度，秀荣带领站内的其他8名员工顶着烈日的炙烤，每天满负荷运行，为了鼓舞士气，秀荣每天都把自己的班排在高峰期，有时候一天忙下来，腰都直不起来。为了保证

旺季的油品供应和服务，秀荣就直接搬到加油站住，有时候两三个月都回不了一次家，等到高峰期过去，一般都到了11月底。

秀荣身上有着草原女性的善良和热情，总是急顾客所急，想顾客所想，热心周到服务于顾客。2022年7月的一天晚上，在建立的客户微信群里，秀荣看到有人发布了一条交通事故信息，原来是在离加油站10千米处发生了一起交通事故需要救援。秀荣看到信息后赶紧叫上加油站周边的商户乘车赶到现场，发现当事人昏迷后，秀荣及时拨打了120急救电话，然后联系了该车队的老板，在众人的帮助下，受伤的货车司机得到了及时救治脱离了生命危险。第二天车队老板亲自到加油站对秀荣表示感谢，并将自己的物流运输车队50多辆车全部介绍到中港加油站加油，从此成为加油站忠实客户。

人物事迹

　　秀荣是百万石油人中普通的一员,在她的身上我们看到更多的是女性的坚韧,是艰苦朴素的石油精神,她用自己的行动彰显了巾帼风采,为草原石油人树立了榜样。

同事眼里的标杆站经理
村民口中的暖心石油娃

——甘肃销售公司张掖分公司西二环加油站经理 李 娟

17年风雨无阻送油路，17年初心不改写峥嵘，在展现中国石油保障能源安全、不忘粮食安全的央企担当下，你用朴素大爱浇灌甘州热土，你用牧民的真性情书写着石油巾帼服务三农的大诗篇。

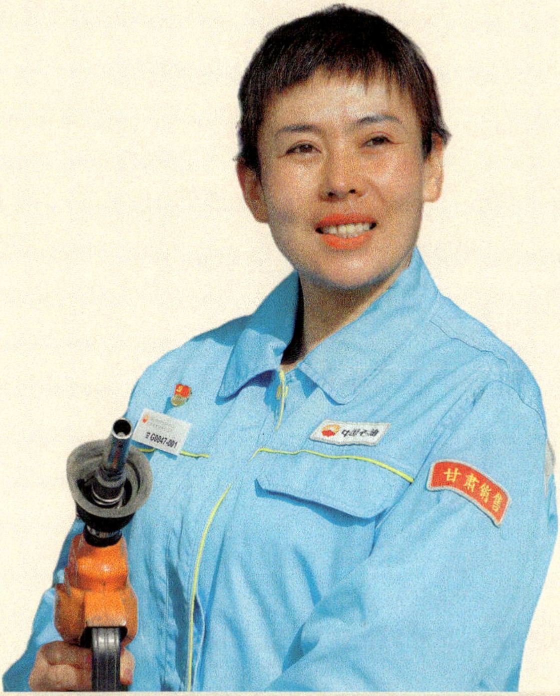
G0047-001
甘肃销售

她，从全国唯一的裕固族自治县——肃南的牧民家庭走出，走进中国石油，走向人民日报，讲述一线石油人助力脱贫攻坚、惠农助农的生动故事。

她，17年守护三尺油岛，把一座3000吨小站培育成了15000吨的万吨大站，连续7年保持万吨销售传奇，并成功打造成全省标杆加油站。

她，传帮带教、倾囊相授，任站经理的10年间，为企业培养了5名站经理，所带15名员工全部通过中国石油加油站操作工职业技能中级认定。

她叫李娟，是甘肃销售公司张掖分公司西二环加油站经理，中国石油百名明星站经理、集团公司青年岗位能手、先进工作者。

走进人民日报，讲述助农故事

2020年11月，一部《宝石花开金张掖》纪录片，先后在人民网、新华网、求是网等多家中央媒体播出，一经传播迅速火遍全网。故事原型主人公就是甘肃销售公司张掖分公司西二环加油站经理李娟。该片荣获"小康生活·化工印记"

短视频大赛最高奖项——"最佳故事奖"后,李娟受邀在人民日报社举行的颁奖仪式上,现场讲述一线石油人的扶贫助农故事。

她说:"每年春耕秋收,西二环加油站都要把农机用油送到田间地头。得知村里的玉米种子产量低,卖不上好价钱,我的心里也不是滋味。回去后,我第一时间请来技术专家为村民讲解最新的施肥技术,并通过化肥的淡季储备、旺季使用,最终帮助村民每吨种子增收了500元。村支书李文才对我说,你一个卖油的都能为我们想到这些,真行!"

一段段朴实的语言和真诚的讲述,赢得了现场观众的热烈掌声,一幅幅一线石油人的扶贫助农画面缓缓展开,成为中国石油履行社会责任、践行央企担当的真实写照。

走进中国石油,开启人生新路

2006年,刚满20岁的她,从学校毕业后,走进了中国石油当上了一名加油员。自此,一把油枪、三尺油岛成为她人生一路开挂的"武器"与"舞台"。

提枪、挂枪、收银、量油,每一个环节、每一项规范,她

都竭力做到极致，上班来得最早、下班走得最晚成为她工作的常态。

数十年如一日，李娟也由加油员一步步走上了站经理的岗位。

作为加油站的"当家人"，她从管理服务客户、关心关爱员工出发，经营管理加油站。

管理服务客户，李娟用真心诚意去巩固开发。她有8个客户信息记录本，专门记录客户信息，包括客户生日、工作单位、家庭住址、用油周期等等。每有客户生日时，问候祝福第一时间送到。客户家里有婚丧嫁娶事宜，她都一一登门。哪位客户长时间不来加油，她就电话联系或者上门拜访。

关心关爱员工，李娟用亲情文化去凝聚团队。每年"六一"，她会让员工的孩子们走进父母的加油站，体会父母的不易感恩父母的养育。夏天高温，她为员工浴室配备洗澡防蚊用品；冬季严寒，她为员工购置防寒围脖和棉袜。遇有节假日，她会把倒班休息的员工分批组织在一起聚餐。除了生活上的关心关爱之外，她还根据员工的性格、特长，有针对性地制订不同的成长计划，培养了多名加油站业务骨干。

走进生活烟火，流露为母柔情

事业和家庭在李娟眼中绝不是冲突的。当年孩子在肃南父母家的时候，她周五晚上下班后开车回去，周六早上把孩子接回张掖一家团聚，周日晚上再把孩子送回肃南父母家中。如此往复，直到孩子4岁那年接回张掖上学。

现在，每次晚上回去是先做饭、然后辅导孩子功课，待老公和女儿睡了之后，她再收拾屋子，做做家务。

李娟不觉得这样有什么累，"工作事业是自己的选择，并不应该因此而放弃对家人的责任。"

工作和个性都令李娟不喜欢任何极端与过度的溢美之词。她说，我希望成为普通人的骄傲，让他们从我这里看到希望——只要努力和勤奋，一个资质平常的人也能成功，也会凭自己的能力帮助他人、服务企业、回报社会。

开辟国内管道装备新兴领域
打破欧美国家行业长期垄断

——管道局工程有限公司
　机械公司总工程师　杨云兰

在她心里，国为重，己为轻；在她眼里，技为重，名为轻。作为追赶者，她埋下头，不为浮华易初心，开辟国内管道装备新领域；作为引领者，她挺起胸，在男人扎堆的行业里，不舍学术勇攀登。

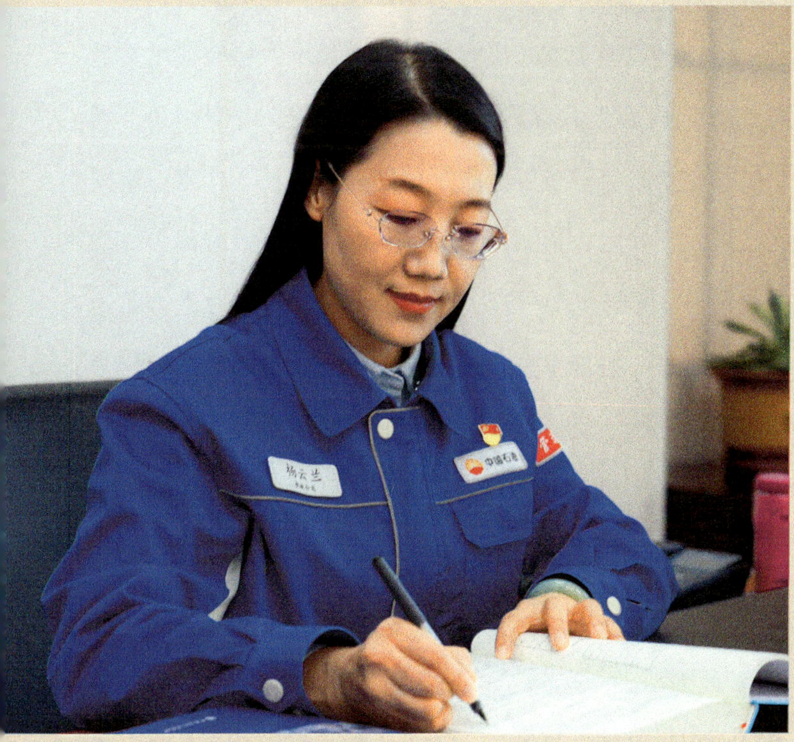
杨云兰
中国石油

感动石油·巾帼风采

杨云兰，女，1974年8月出生，1998年7月毕业于中国石油大学（北京）化学工程专业，硕士研究生，中共党员，教授级高工，管道局工程有限公司机械公司总工程师。曾获管道局劳动模范、管道局十大杰出青年、管道局十大科技突出贡献者、河北省国资委十大优秀青年、河北省五一巾帼标兵、第二十二届孙越崎青年科技奖、集团公司先进科技工作者、集团公司优秀科技工作者、集团公司优秀共产党员等荣誉称号。

在她心里，国为重，家为轻，在她眼里，技为重，名为轻。作为追赶者，她埋下头，开辟国内管道装备新领域。作为引领者，她挺起胸，打破欧美国家行业垄断。在男人扎堆的管道行业里，她择一事，不为浮华易初心。在形单影只的学术攀登中，她终一生，不舍初心得始终。

创新创效，实现从零到一的跨越。25年前，学习化学专业的杨云兰阴差阳错地来到管道局。面对身边人的质疑，这个从黄土高坡走出来的"倔妮子"暗下决心：要以知识和技术实现突破，用智慧换来认可。

从那一刻起，杨云兰从未停止过为梦想奋斗的步伐。工作后，恰逢西气东输一线等国家重点能源通道陆续开始建设，大量的管道装备需要进口。"进口装备不仅价格昂贵，还交货迟

缓影响工期。"为了解决进口装备"卡脖子"问题，杨云兰夜以继日地工作和学习，一举拿下行业技术水平最高的压力容器分析设计（SAD级）审批资格，为管道设备进入高压领域、高端领域和走出国门做好了准备。

渐渐地，杨云兰感受到技术革新带来的便利性与成就感。自此，一发而不可收。这些年下来，她建成了快开盲板和绝缘接头专业化生产测试线，形成了系列化产品和成套设计制造技术，主持研究的多项技术填补国内空白，并全面实现国产化，彻底打破了欧美发达国家对高压管道装备长期技术垄断，创造直接经济效益15亿元以上。

攀登高峰，由追赶迈向引领。"哪里有生产难点，哪里就有创新的空间。"当时，西二线东段引进新型组合式过滤分离器，但快开盲板仍须吊装开启和关闭。工效提不上去，快开盲板成了"慢开盲板"。

为了解决快开盲板"不快"的问题，杨云兰立项中国石油课题，并首创盲板"电动"开启方式。5吨重的快开盲板头盖从升起、旋转到归位仅需7分12秒，解决了国际上大型立式快开盲板吊装开启的难题，获得中国、美国和欧洲发明专利授权。从西三线东段开始，我国管道主干线全线应用杨云兰带头研制的快开盲板，全面实现快开盲板设备国产化。

快开盲板是管道装备国产化的一个缩影。杨云兰热爱石油科技事业、专注科技成果转化，数十年如一日。她主持完成了10余项重大课题，获得授权国内外专利24件、软件著作权10件、主编能源行业标准4项，研制成功大口径高压快开盲板和绝缘接头、大型LNG储罐、船用LNG供气装置等关键设备，引领油气管道技术水平实现新的超越。

以企为家，用坚守书写忠诚。作为一名女性科研工作者，投身工作的同时，也面临很多的无奈和愧疚。由于工作需要，父亲病危住院时她甚至没能照顾到最后……她始终保持着对国家、对事业的忠诚,企业需要的地方就有杨云兰的身影。她用实际行动践行着不变的初心,身体力行地诠释了劳模精神。

近年来,管道局调整战略方向,杨云兰密切跟踪把握能源和科技行业发展趋势,助力企业在能源储运装备科技中实现自立自强。

"以知识和技术实现创新突破,为企业发展贡献力量。"杨云兰始终坚信,科技创新才是硬道理。她主持中国石油"十四五"战略性、前瞻性重大课题《管道设备智能化关键技术》,主持制定中国石油企业标准《纯氢/掺氢管道设备技术规范》,深入推进大流量掺氢装置、氢分离纯化装置、大容量储氢压力容器等新能源装备研发。

如今的杨云兰早已实现自己最初的梦想,但她却从未想过停下前行的脚步。2019年,杨云兰被中国石油大学(北京)能源与动力工程专业录取为博士研究生。她说:"成功是一瞬间,走向成功则需要漫长的积累。是管道局培养了我,是中国石油给了我大好舞台。"她始终用自己的智慧才能与辛勤付出报答企业的培养、领导的信任、群众的期待。

与钢管同行十五年
送清洁能源进万家

——宝鸡石油钢管有限责任公司
　　宝世顺公司直缝工厂副厂长　王　健

与金属为伍，与钢管同行，十五年坚守专业初心，终将百炼钢化为绕指柔，在管通天下的事业中，用自己的执着与深耕，守护与奉献，绽放出石油巾帼不让须眉的独有风采。

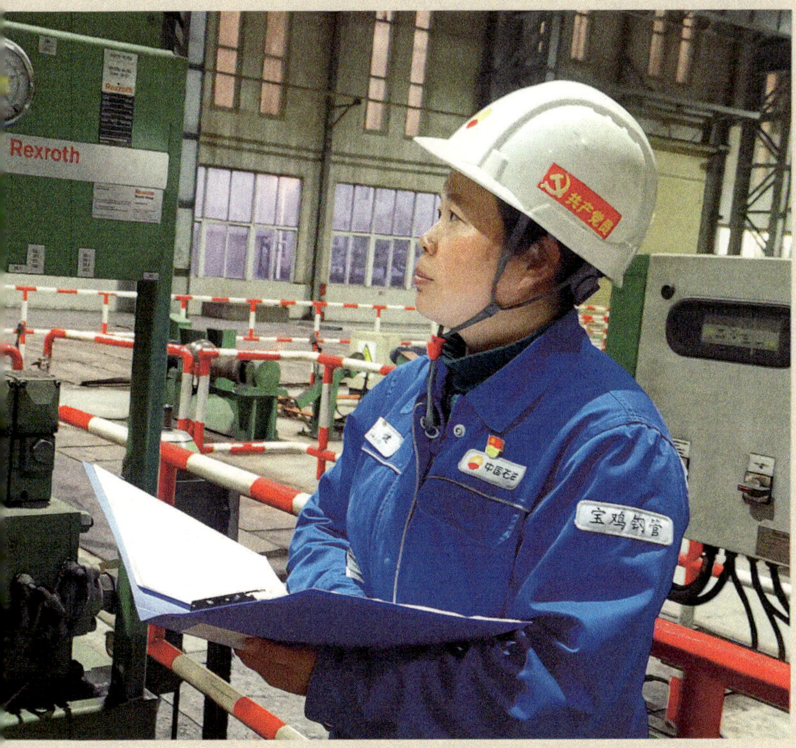
Rexroth
共产党员
宝鸡钢管

王健，1984年5月出生，中共党员，汉族，硕士研究生，2008年参加工作，现为宝鸡石油钢管有限责任公司（以下简称"宝鸡钢管公司"）宝世顺公司直缝工厂副厂长，高级工程师。

奋斗的青春最美丽。工科女生找到专业对口的工作并非易事，24岁的王健硕士毕业后，毅然选择了筹建中的中油宝世顺（秦皇岛）钢管有限公司。十几年来，她从筹建期负责设备安装到投产后负责设备管理，从技术员到基层领导干部，一路走来，她始终不忘专业初心，发挥专业特长，做到了专业、敬业、精业。她参与的技改项目多次获得宝鸡钢管公司科技创新奖，2020年她带领的团队获得中国石油集团公司一线创新大赛一等奖。她以钢的韧性、铁的意志，在钢管事业中走出属于自己的成长成才之路，展现了石油女工"能顶半边天"的新时代风采。

一线建功，做技术带头人

2009年，宝世顺公司率先从国外引进螺旋预精焊工艺，开展18米预精焊生产线技术改造。王健和同事们为了这个项目，付出了极大的心血和智慧。这是该技术工艺在国内首次应用，没有经验可以借鉴。面对工艺和装备完全国产化改造这道难题，王健牢记"引进、吸收、消化、再创新"的技改规律，坚持10年收集工艺数据、研究设备原理、形成技改思路、推动技改实施。2019年5月，国产化"一键式"全自动精焊生产线投产运行，第一根预精焊螺旋钢管成功下线，产品质量满足标准要求，生产效率提高了20%。

2015年，宝世顺公司抢抓海外机遇，承接了埃及桩管首批3000吨钢管订单。要在3个月内完成生产线适应性改造，并保证按时交货，这是保证项目成功运作，并为后续订单承揽奠定基础的关键一战。王健带领技术人员不等不靠，主动作为，开展了设备自主改造和桩管锁扣焊接工艺研究，攻克拆卷、对头补焊、管体划伤、焊接困难等诸多难题，摸索出适用于生产超长、超重、超大管径钢管成焊、无损和锁扣焊接的工艺标准，成功开发生产工艺，及时满足了生产条件，确保了首批交货需求。此举，让客户看到了宝世顺公司的生产制造实力和项目运作能力，于是增订11.5万吨订单，真正靠技术、靠创新赢得了市场主动。

尽职尽责，树干部新形象

2020年6月，重大管线生产正如火如荼，时间就是效益，不敢浪费半分。与此同时，面对生产线设备存在的风险隐患，公司决定抢出15天时间，对螺旋生产线设备进行扩能改造。王健与这些设备打了十几年交道，面对繁重的改造任务，她毅然承担了最难的水压机改造任务。现场切割焊接工作量大，容易造成图纸与实际数据存在误差，她与施工人员反复核对数据，减少返工时间。水压机基坑要重新对接地脚螺丝，重新灌浆加固，施工空间狭小，为保证施工质量，她每天到3米多深的地坑内监督检查作业。那些天，她每天连续工作16个小时，早上到现场安排工作，白天跟踪现场作业，指导检查作业，下班前还要检查现场，确保没有安全隐患，最后一个离开。

柔情满怀，做时代新女性

2022年3月，新一轮新冠疫情突袭秦皇岛。王健将孩子托付给公婆，第一时间奔赴岗位，十多天吃住在公司。作为基层干部，王健要带班值班，有时遇到现场设备出现突发故障，更是需要连续几天盯在现场。她在工作中,常常用女性特有的细腻柔和,化解着矛盾问题,关心关怀着身边的同事们。大家都说,王副厂长是女汉子,也是好姐妹。作为两个孩子的妈妈,她深深地知道,教育孩子言传不如身教。她闲暇时刻,便经常陪伴孩子读书,带孩子们参加读书会,教育引导孩子在阅读中领悟道理。她还和孩子们一起参加社区和公益组织的社区清理、看望特殊儿童等公益活动,在社会实践中,引导孩子向上向善。在疫情防控的非常时期,她又化身社区核酸取样志愿者,力所能及地服务群众,让孩子们懂得"赠人玫瑰、手有余香"。

王健作为新时代的石油巾帼,没有感天动地的事迹,没有大书特书的业绩,但有爱企兴企的忠诚,有一丝不苟的敬业,有敢于负责的担当,更有对事业初心的坚守。

坚守海外"疫"线
保障员工安全

——中亚俄罗斯公司运营和HSE部
　安全环保工程师　陈楚薇

百年之变局更显奋斗本色，海外之热土更须青春蓬勃。管控风险是职责所在，不惧危险是一种选择。你勤于思考、钻研创新，不负热血沸腾之韶华；敢于斗争、善于斗争，不负舞台广阔之时代，勇于担当、坚守"疫"线，不负命运与共之人民。

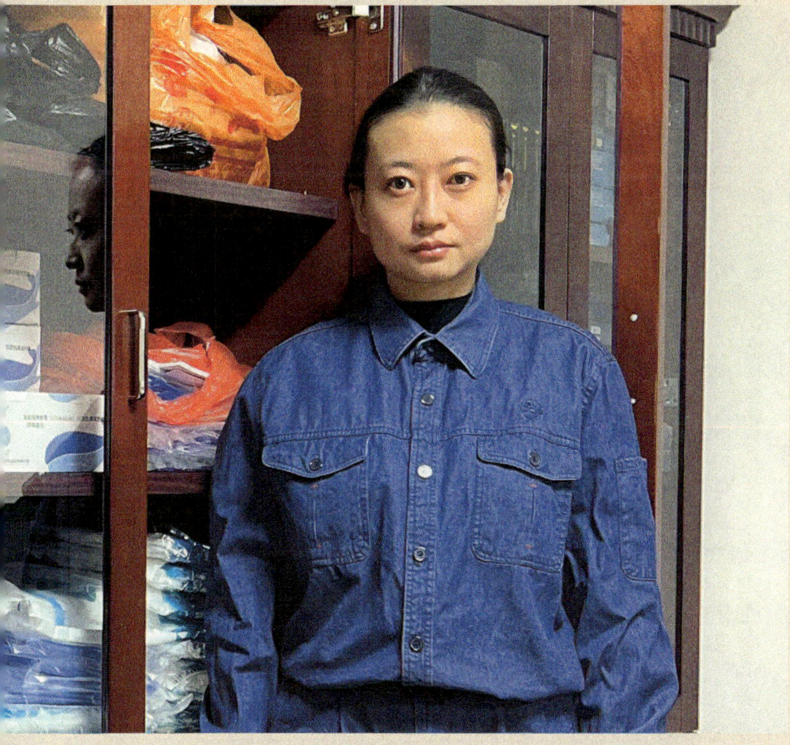

七载寒窗毕，投身海外情。新冠蓦然起，天下无处宁。
亲友心忧切，难抵逆向行。女子志四海，万里犹比邻。
争做新青年，勤思敢创新。奋勇斗瘟神，不怕怀苦辛。
胸怀凌云志，笃实稳步行。百年之变局，烈火见真金。

勤于思考，勇于创新

业精于勤荒于嬉，行成于思毁于随。认真对待每一项工作是立业的基础，在工作中不断总结、思考是前进的动力。

入职以来，从日常工作做起，完成各类日报、周报、月报453期，为动态掌握形势、有效决策提供数据支持；组织参加QHSE检查、审核31次，提出改进意见60条，为健全双重预防机制提供技术支持；组织QHSE重要会议9场次，参会人次超过1000，及时传达国家、集团公司QHSE指导思想，为域内单位准确把握海外新形势下的新要求提供新思路。

在思考中进步，主笔完成的《基于"纵深防御"理论，发挥桥头堡作用，构建中国石油全球防疫共同体》获得中油国际管理创新一等奖，及集团公司管理创新三等奖；完成的《海外环境遥感技术的应用》获集团公司三等奖；主笔完成安全生产、安全文化类论文 3 篇，参与完成论文 2 篇，完成的《油气场站风险评估与完整性评价系统》获得国家专利；获得"集团公司 QHSE 先进个人"荣誉称号 1 次，"中油国际 QHSE 先进个人"荣誉称号 2 次。同时，热心参与党团工作，获得阿拉木图总领馆青年征文比赛二等奖和"集团公司直属优秀共青团干部"称号。

敢于斗争，善于斗争

入职不久后，临危受命开展海外油气业务疫情防控工作，此后工作时间与历时 3 年的世纪疫情高度重合。这 3 年，让没有学医的我，体会到了救死扶伤的欣慰和快乐。

疫情初期，共同摸索前进。参与第一版国际业务疫情防控指南编写，参与第一批海外项目疫情防控方案审核，研究并推广安全岛、缓冲区等管理措施，做好制度保障。参与防疫物资管理，全过程精准到每只口罩，精确到每个流程，做好物资保障。在疫苗第三期临床试验阶段报名接种，成为第一批接种国药灭活疫苗的企业人员，做好技术保障。通过三道防线守护员工健康。

疫情中期，推进多措并举。根据多轮变异毒株特性，动态优化疫情防控方案和公共卫生突发事件应急预案。统筹远程就诊、物资储备、疫苗接种、全员核酸、带"疫"复工、应急处置等工作，多线条共同推进，筑牢企业层面防疫屏障。

疫情后期，把握关键环节。在大力组织专班推动超期员工休假的同时，坚决守住"零输入"的防疫底线。

雄关漫道真如铁，而今迈步从头越。新冠病毒感染如今已被列为乙类传染病，3年"战疫"告一段落，接下来要向着新的挑战再出发。

立足岗位，胸怀天下

习主席勉励当代青年怀抱梦想又脚踏实地，敢想敢为又善作善成。在共建"一带一路"的桥头堡——哈萨克斯坦工作，能深切感受到形势之变、时代之变。

2022年年初，哈萨克斯坦多个城市爆发暴力恐怖袭击事件，连续多日枪炮声不绝于耳，最近的冲突点距驻地只有150米，在主要通信手段中断的情况下，记录、传达应急领导小组会议要求15次，与多家域内企业每天沟通，保障700余名在哈萨克斯坦中方人员安全。2月,乌克兰危机爆发引发能源危机,欧洲多国能源转型步伐停滞甚至倒退,世界经济泥足深陷,迫切需要新的解决方案和国际秩序。对此,中国坚定不移推动实现"构建人类命运共同体"的宏伟蓝图。而继续完善公共安全和应急管理框架,承担安全责任,寻求绿色技术,就是从我的岗位出发,在蓝图上描绘的一笔。

我是女性,因为新中国,所以独立为人

我是中国人,因为石油,所以在海外建功

我是石油人,因为年轻,所以梦想着诗和远方

我是青年,因为有家,所以疲惫时有岸、奋进时有帆

我是父母的女儿,是婚礼后第5天重返海外岗位的妻子

我不愿自我感动,也不用极端抉择,多重身份给予我多维力量,能经营小家,也能为建设世界一流综合性国际能源公司,为共建"一带一路"倡议贡献女性力量、青春力量。

搏击市场创佳绩
真情关怀暖人心

——昆仑银行股份有限公司乌鲁木齐分行党委书记、行长　程　霞

"知天命"更"知使命",两年前她带着组织的重托,勇敢地跨越2500千米奔赴新战场。660天,她带领团队拓市场、找客户,服务能源事业、服务地方发展,在"二次创业"的征程中,她是最美的朝霞。

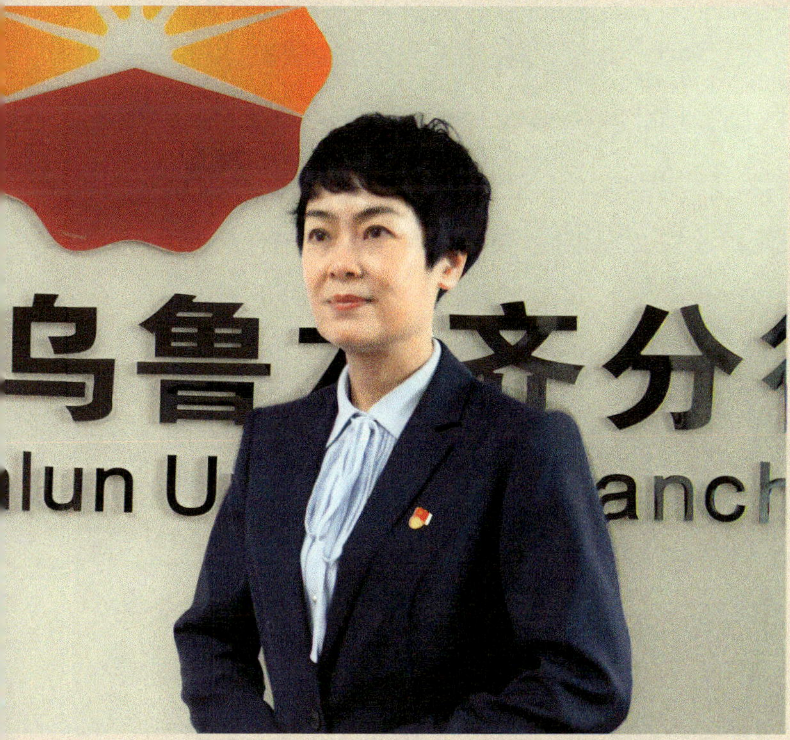
乌鲁
齐分

程霞，昆仑银行股份有限公司（以下简称"昆仑银行"）乌鲁木齐分行党委书记、行长，一名生于石油、长于石油的共产党员。10年技术岗位磨炼，20年管理岗位成长，她先后转战宁夏、陕西、新疆多地，在石油经济金融领域从事多个岗位，但无论身处何职、身在何地，她都成绩斐然、不让须眉，是大家公认的领头羊、实干家。近两年，她先后获得集团公司"先进工作者"、昆仑银行"昆仑榜样"等荣誉称号。

秉承精神血脉，二次创业党旗红

"我是党员，组织交给我的任务就是我的使命"。2021年，在组织最需要的时刻，她毅然奔赴乌鲁木齐，开启人生的"二次创业"。强有力的班子和干部队伍是分行发展的先决条件，她高举党建大旗，率先垂范，坦诚阳光，制定发展目标、明确职责分工。她和班子成员之间大事讲原则、小事讲风格，大家步调一致，相互支持，互相补位，切实做到了班子如拳、作风硬朗，得到分行上下一致好评。她坚持"支部建在连上"，分行基层支部数量从12支扩增至16

支,持续提升战斗堡垒作用,唱响党建引领经营主旋律。在选人用人上坚持公开公平公正,能上能下,连续调整多名干部,搭建同台竞技的平台,支行长招聘从无人报名到10人竞聘一岗,实现了从"等待伯乐"到"主动赛马"的良性竞争。

无惧困难打拼,搏击市场创佳绩

"服务能源、服务新疆、服务国家发展大局"是昆仑银行的战略发展定位,作为分行领头雁,程霞肩头有组织的期许、广大员工的期盼,立足发展潮头她责无旁贷。"定目标",她以新疆为基本盘,悉心调查掌握市场行情,走访基层明确工作脉络,迅速厘清思路谋定发展规划,确定"做强乌市、做大昌吉、面向全国"的发展思路。"走出去",她带队拜访新疆各级政府及石油企业,与员工一起走出新疆,走向全国,一年多的时间里,足迹遍布50余个大中型城市。"跑客户","业绩就是尊严"!她坚持硬着头皮找客户、厚着脸皮去拜访、磨破嘴皮讲方案、跑破脚皮拓市场,用"四皮"意志撬开客户的大门,

将"不可能"化成一个个喜人数字。2022年，分行产融客户数量新增170余户，主要经营指标连创历史新高，超额完成考核利润任务。

发挥表率作用，抗击疫情担使命

2022年，乌鲁木齐经历了长达114天的疫情静默，她率先垂范，驻守分行，与员工同吃同住同抗疫。工作时她是"程书记"；工作之余，她带动员工健身锻炼是"健康程"；员工头发长了，她精心修剪是"Tony程"；员工生病，她悉心关爱是"家长程"；员工情绪低落，她答疑疏解是"咨询程"，她是全行300余名员工的主心骨和精神支柱。静默期间，她指导举办线上培训70余次，主题党日32次，各类文体活动20余项，推送短视频、图文等100余部，中秋节为员工送上月饼礼盒、入冬送上鲜肉水果蔬菜大礼包，分行成为员工家属口中"别人家的单位"。

心中有火、眼中有光、肩上有责、脚下有力。她凝聚了一批想干事、能干事、干成事的分行干部员工，分行获得感、认同感、成就感大大提升。她时时处处传播昆仑声音，讲好奋斗故事，树立中国石油形象，把压力化为推动发展的不竭动力，用经营上台阶、党建成效显著的优异成绩谱写出服务能源、服务新疆的新答卷。

上天入地的抢险铁人
随叫随到的燃气卫士

——天然气销售公司山东分公司淄博金捷公司
客服中心副经理　范金梅

　　她专注于抢修的急、应急的险、作业的难,她致力于高青八万气代煤用户的烟火气、孤寡老人的惠生活、薪火相传的师徒情。真心换真心,热血献真情,柔肩担重任,孤光映寒梅。

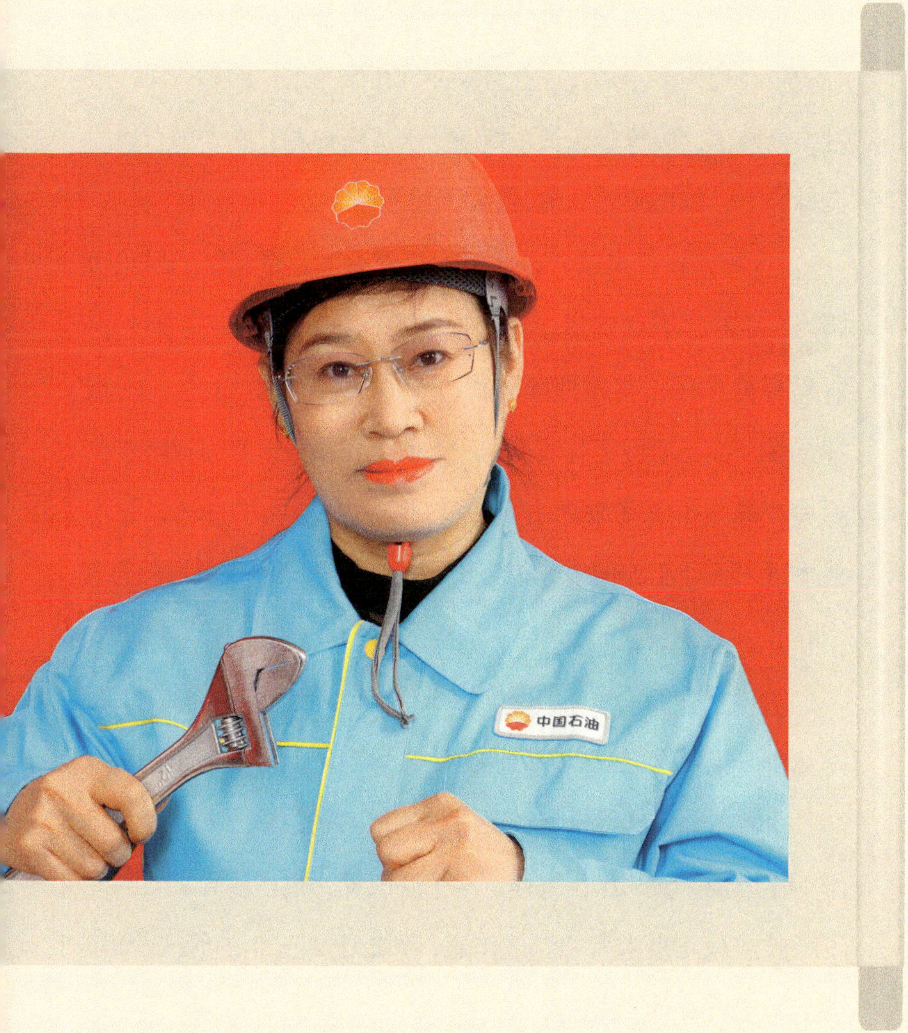
中国石油

范金梅是天然气销售公司山东分公司淄博金捷公司客服中心的副经理，多年来，一直坚守冲锋在服务用户的第一线，做过维抢修工、维抢修队长，她用汗水浇灌焊花，在中国石油的大舞台上，舞出平凡又绚丽的人生。

"大娘，换好电池了，这下能打着火了，做完饭记得关闭阀门，别忘了开窗通风，还有报警器要24小时通电才能起到泄漏报警作用，有事您随时拨打956100客服电话。"1月21日，除夕，在淄博青城镇长里庄，范金梅帮张大娘完成维修检测后，又马不停蹄地赶往下一家用户。2023年的春节，是范金梅进入公司工作的第8个年头，也是她坚守岗位度过的第8个春节。

2015年，范金梅入职淄博金捷公司，担任维抢修工。"万绿丛中一点红"，这个安装维修组唯一的女员工，特别肯下苦功，跟着老师傅实践操作，还买来各种燃气器具图书，琢磨钻研工作原理、安装操作规程、施工绘图等，很快就凭实力当上了组长。从几十米高的焊接作业，到地下四五米的管线抢修，上天入地她事事冲锋在前。

提起范金梅，公司里的人都说她是铁打的，"焊头一挥起来，冷热苦累、蚊虫叮咬，都不知道。有次我们县城疗养院

人物事迹

施工误操作把燃气管线、自来水管线都挖断了,她带着我们关阀、放散、检测、排水,忙到晚上9点多,检测天然气浓度为零,含氧量正常后,她就一下跳进了钻井液坑对管线进行焊接操作,一干4个多小时,那钻井液没过她小腿,干完了她也站不起来了,我们下去把她扶上来的。"组员申连斌说道。

2019年8月11日,台风"利奇马"登陆山东,13日晚上10点,范金梅接到通知,高城镇堤西里村高约2.5米的架空管线被倒塌的土房砸断。为清除安全隐患,趁雨势较缓,范金梅决定冒雨拆除管线。技术最硬的范金梅揽下了工作量最大、难度最高的拆卸安装管线工作。凌晨两点半,完成抢险工作的范

金梅全身湿透，满身泥水，嘴唇都冻麻了。

应急抢险似"铁人"，范金梅将她女性柔软细腻的部分都给了用户和需要帮助的人们。在她的手机里，存满了用户的电话，尤其是特殊用户的情况，她都了然于心，重点关注。担任客服中心副经理以来，负责9个乡镇气代煤38197户用户投产、入户安检、隐患整改，998千米高中低压管线维护保养、巡检等管理工作，她更加忙碌了，好几次夜里都被保安锁在了公司院子里。

2017年，范金梅当选"淄博市第十五届人大代表"。作为一名来自企业一线代表，她在工作之余定期到片区群众家中走访、调研，收集群众意见建议，先后提出了《关于农村大规模气代煤问题的建议》《落实垃圾分类处理，增强环境保护意识的建议》《关于加强高技能人才培养的建议》《关于机器人教学进入中小学课堂的建议》，还跟其他代表联名提出了《关于支持高青县温泉产业做大做强的建议》。这些关系到人民群众安全、生活等诸多方面的问题得到了高度重视，许多已经付诸实施并收到了良好的反馈。

陪伴用户和群众的时间多了，陪伴家人的时间就少了，但孩子们却少有抱怨，更多的是为她骄傲。疫情以来，范金梅经专业培训拿到了核酸检测上岗证，利用空闲时间参加社区志愿服务活动，带着孩子捐赠防疫物资。在得知血库库存量紧张时，20岁的儿子毫不犹豫地跟着已献过10余次血的范金梅去献血。

凭着不服输的劲头和服务用户的热忱，范金梅不断磨练技术，成为行业"大拿"，先后获得山东省淄博市技能大赛第二名、山东省燃气行业技能竞赛全省第三名、全国燃气行业技能竞赛亚军、昆仑能源有限公司职业技能竞赛银奖、集团公司技能竞赛银奖等，发表了多篇论文和实用新型专利，被授予全国技术能手、全国住房和城乡建设行业技术能手、山东省突出贡献技师、齐鲁首席技师、山东省住房城乡建设系统齐鲁最美建设职工等荣誉称号。

一枝独秀不是春，百花齐放春满园。范金梅积极发挥党员先锋模范作用，以做好"传帮带"为己任，带出了一批优秀的燃气能手，其中，徒弟娄启震获得集团公司职业技能竞赛银奖。她就像一枝凌寒的蜡梅，自踏上中国石油这片沃土，就灿然盛开，并用自己的无私奉献，捧出无数山花烂漫。

感动石油
巾帼风采

新闻报道

感动石油
巾帼风采

新闻报道

巾帼建功新时代　石油玫瑰绽芳华
集团公司举办"感动石油·巾帼风采"故事分享会

3月7日,在第113个"三八"国际妇女节到来之际,集团公司举办第三届"感动石油·巾帼风采"故事分享会,展示石油女职工豪情追梦建功业的精彩事迹、半壁军功铁肩扛的感人故事,彰显石油女职工骄人业绩和新时代女性风采。

活动评选出"感动石油·巾帼风采"人物20名。她们是从巡井小路走上党的二十大"党代表通道"的大庆油田公司刘丽;37岁转行攻关乙烯技术、47岁成为集团公司首席技师的抚顺石化公司张海燕;在12年时光中用初心擎起荒漠"灯塔"的内蒙古销售公司秀荣……她们奋战在不同岗位和业务领域,发扬石油精神和大庆精神铁人精神,书写着对

理想信念的坚守、对央企责任的担当。

"以柔弱之肩挑起攻关千斤担，打造'钻井血液'，浇灌'一带一路'能源之花""深耕新区30年，闯禁区、攻冷门、擒油龙""海外8年，如木兰、似良玉，赢得了一场场海外资金资产保卫战"……活动现场的颁奖词，是对"石油玫瑰"扎根岗位奉献、在历练中成长的生动诠释。她们纷纷表示，感谢集团公司给予广阔平台，感谢团队的并肩奋战，未来一定会以更加优异的业绩，继续为集团公司高质量发展贡献力量。

集团公司33万名女职工是企业职工队伍的重要组成部分，是企业高质量发展的重要力量。集团公司号召广大石油女职工，以她们为楷模，练就过硬本领，弘扬时代新风尚，争做伟大事业的建设者、文明风尚的倡导者、敢于追梦的奋斗者。

分享会上，集团公司当选党的二十大代表、全国人大代表、全国最美家庭候选家庭、中国青年女科学家候选人的女职工代表，通过视频向广大石油女职工送上节日祝福。各单位共超13万人次通过铁人先锋APP、中国石油和中国石油报微信公众号等平台观看活动直播。

（记者　孙梦宇）